Constanze Czech

Sei eine Göttin!

Der unverbindliche Ratgeber für die souveräne Transfrau

AF272066

für
Ella

Inhalt

Vorwort

Hallo! Ich wurde am 28.09.1982 als Sebastian Uwe Czech in der Poliklinik Mitte in Magdeburg geboren aber es stellte sich bald heraus, daß meine Mutter mit dem Namen Lydia, den ich als physisch erkennbares Mädchen erhalten hätte, eher an meinem wahren Kern gelegen hätte.

Ich merkte recht früh, daß ich irgendwie anders war. Bald auch, worin dieses Anderssein konkret bestand aber ließ mir richtig lange Zeit, den Weg zu gehen. Am Anfang, da die Informationslage richtig schlecht war, später, weil andere Sachen, wie z.B. das Studium im Vordergrund standen. Ich hangelte mich immer wieder von Plattform zu Plattform und verweilte dort eine Weile. Einmal mit dem Akzeptieren für mich selbst, daß ich halt Mädchensachen tragen möchte und dann heimlich damit anfing. Dann mit einem männlichen Alltag (allerdings zunehmend in androgyner Kleidung und langen Haaren) aber mit meinem alten, männlichen Namen. Später mit meinem weiblichen Namen für die Nacht und das Internet und „normal" im Alltag, sprich in der Oberschule. Irgendwann war dann immer der Rand der Plattform erreicht und man sprang weiter, höher.

Dabei scheine ich eine der eher seltenen Transfrauen zu sein, die nicht konsequent an einem Moment anfangen und dann direkt, Schritt um Schritt in wenigen Jahren die gesamte Transition durchlaufen. Auch habe ich ein recht entspanntes Verhältnis zu meinem männlichen Genital gehabt, was absolut nicht typisch ist. Erst mit der Pubertät nervte es mich und eine dicke Beule läßt sich unter einem knackengen Abendkleid halt irgendwie schlecht verstecken. Kurz: Frustration. Weiterentwicklung.

Einige Zeit dachte ich, ich sei ein Crossdresser und mehr sei zu kompliziert, passe nicht zu mir. Aber je mehr Raum ich der Frau in mir ließ, desto freier und natürlicher fühlte ich mich, so daß ich am bisherigen Ende nun als glückliche Transfrau ohne OP stehe. Mal schauen, was noch kommt!

Meine Erfahrungen und Entwicklungsergebnisse des ganzen, fast drei Jahrzehnte währenden Prozesses möchte ich im Folgenden mit Dir teilen. Ich hoffe, es sind ein paar Ideen und nützliche Informationen für Dich dabei. Am Ende des Buches habe ich, in meinen Augen nützliche Literatur aufgelistet. Als Transfrau würde ich vor Allem das Buch von Ulrika Schöllner empfehlen. Ihre Informationen sind detailreich und gut recherchiert. Ich kann in meiner Arbeit nur Teile beziehungsweise andere Facetten ihrer Themen beleuchten.

Aufgrund persönlicher Entwicklungen wird es streckenweise um BDSM und Schamanismus gehen, was per se eigentlich nichts mit Transidentität zu tun hat. Wenn Du dazu keinen Zugang hast, überfliege nur die Absätze. Jedoch kann ich sagen, daß sie Methoden und philosophische Ansätze beinhalten, die auch für „normale" Menschen nützlich sein können. Vielleicht kannst Du ja das Eine oder Andere doch gebrauchen.

Übrigens:
Als Frau dieses Leben zu führen war eine der besten Ideen meines Lebens.

Viel Freude beim Lesen!
Constanze Czech Halle (Saale), 12.10.2023

Gratulation,

liebe Leserin, möglicherweise auch Leser. Du hast Dich für die starke Geschlechterseite entschieden. Auf Dich wartet ein rasantes Leben mit dem Komfort und der Leistung eines Oberklasse-Coupes. Ach, eines am Rande: Du hast Dich auch für ein Modell mit reichlich Tuning- und Instandhaltungsbedarf entschieden. Alle zwei Tage unters Auto legen und wenigstens alle vier Räder abmontieren ist Minimum!

Nun? Jeans und T-Shirt liegen noch neben Dir auf der Sessellehne. Noch kannst Du wie gewohnt schnell hinein springen und alles geht weiter. Es ist wie bei Neo in Matrix. Nun, meine neue, vielleicht mutige Leserin? Für welche Pille entscheidest Du Dich?

Soll sich überhaupt etwas ändern? Ist Dein Leben schön? Oder kaufst Du Bücher nach Farbe? Letzteres erscheint mir als völlig plausibler Grund. Als leichte Autistin (mit Schein) träume ich auch von einer eigenen Bibliothek mit raumhohen Bücherregalen an allen Wänden, sortiert nach Farbe, wie ein Regenbogen. Die Bibliothek, zumindest der Inhalt ist bereits vorhanden (und teilweise auch katalogisiert, aktuell höchste Laufnummer: 5500). Es fehlt nur der Raum, die Bücher ordentlich, und nicht dreireihig hintereinander, zu stellen. Einen Sklaven, der sie dann für mich hübsch sortiert, habe ich bereits.

Du runzelst die Stirn, oder? Dir scheint, ich wäre verrückt. Aber ich muß Dich enttäuschen. Überhaupt bin ich in meinen Worten stets der Wahrheit und allenthalben dem ironischen Witze verpflichtet.

Wie oft in den letzten vier Wochen hat Dir ein Fremder, wie etwa ein Passant in der Innenstadt oder die Fleischverkäuferin in der Kaufhalle (hatte ich heute erlebt) ein spontanes Kompliment gemacht? Liegt Deine Antwort jenseits der 10 kannst Du das Buch wohl wieder zurückgeben. Oder Du hältst es ob der Anekdoten als Schmöker. Sollte Deine Antwort hingegen unter 2 liegen, so reiche ich Dir hiermit die Hand. Die Weltherrschaft steht leider nicht mehr zur Disposition. Die ist insgeheim bereits zwischen mir, einer anderen Transfrau aus Halle und dem Sänger von Welle:Erdball aufgeteilt. Ich bin mir meines Anspruchs bewußt, nur im Moment zu stark durch andere, feine Dinge okkupiert, als daß ich nach ihr aktiv strebte. Wobei? Mit so einer weißen Katze auf dem Schoß...rhhhh!

Aber gern nun zu mir. Wie kommt denn eigentlich eine halbwegs erfolgreiche Frau mit mehreren Jobs und doppelt, wenn nicht dreimal so vielen Hobbys auf die Idee, sich dem Streß einer Autorenschaft zu verschreiben? Ich gebe zu, es ist nicht mein erstes Buch, wohl aber jenes, welches bisher am Besten zu lesen ist. Außerdem hoffe ich, daß ich einen Teil meiner Erfahrungen und Ideen mit Dir und anderen Leserinnen teilen kann. Ursächlich war der Impuls gewesen, daß mich regelmäßig Transfrauen um Rat baten oder sagten: „Ich wäre gern ein wenig so wie Du." Aber soviel gleich vorab. Jede von uns ist einzigartig und anders. So wie ich aus dem Scheunenfund, der ich früher war, einen Mitsubishi Starion, selten, schnell, kompliziert und unverkennbar ein Kind der 80er wurde, steckt in Dir vielleicht ein Lamborghini Miura oder eine Corvette C3 oder ein Mercedes 124CE – zeitlos elegant, ausreichend motorisiert, mit überschaubaren Schweißarbeiten zu einem echten Dauerläufer mit Wow-Effekt zu machen.

Die letzten dreizehn und insbesondere die letzten fünf Jahre meines Lebens, ich bin nun 41, brachten extrem starke Veränderungen in allen Ebenen mit sich. Die Transition vom Schein-Mann zur Frau ist dabei nur ein, wenn auch bedeutender Teil. Aber daneben hat sich meine Einstellung zur Liebe, zum Leben, zu den Menschen und anderen Wesenheiten, ja mein Verständnis vom Kosmos grundlegend gewandelt und entwickelt. Ich habe unsagbar viel gelernt, wofür ich sehr dankbar bin.

Vor über 20 Jahren gab es einen bedeutenden Wendepunkt in meinem Leben. Nach einigem Nachsinnen würde ich ihn zeitlich ins Jahr 1999 legen. Unsere Familie war gerade zwei Jahre zuvor in ein eigenes Haus gezogen, ich besuchte das Gymnasium, wo mir terroristische Mitschüler das Leben zur Hölle machten. Wir verfügten seit knapp drei Jahren über einen wackeligen und kostspieligen Einwahl-Modem-Internet-Zugang und ich hatte nicht nur viele Informationen zu Transidentität gefunden, die in den Bänden unserer Hauptbibliothek noch gar nicht angekommen waren, ich fand auch andere Menschen wie mich, zB. im „enfemme"-Forum, welches einige Jahre später von einem Tag auf den anderen aus dem Netz verschwand. Aber von „ich bin völlig allein, völlig krank (pervers) und kann mit niemandem reden", was ich seit ca. meinem zehnten Lebensjahr formuliert hätte, wurde „ok, das ist gar nicht so schlimm. Nun brauche ich

Lösungen." Meine Recherche und die fortschreitende Vermännlichung meines Körpers deprimierte mich und machten mich ohnmächtig.

Bröckchen, die ich meinen Eltern hinwarf, um ein Gespräch zu initiieren, blieben liegen. Das Thema war kein Thema. Eines Abends platzte der Knoten und unter Tränen und mit Pudding in den Knien gestand ich ihnen, daß ich ein Mädchen bin und ab jetzt als solches auch leben muß, da sonst nur der Tod, ob langsam aus Gram oder Suizid, stünde. In der Folge ging ich Schritt für Schritt weiter, bis zum heutigen Tag.

Kannst Du Dir die Entwicklung vom Wesen, welches sich haßt, welches sich vom Universum verarscht vorkam und immer versteckt, weil es nicht es selbst sein kann, hin zu einem glücklichen, geselligen Menschen vorstellen, der seinen Körper liebt und seinen verblüfften Eltern eines Tages (Anfang 2022) sagte: „Vielen Dank, daß ihr so eine geniale Schmetterlingskatze gemacht habt! Ich bin so gut geworden. Danke, danke, danke."

Einen Großteil der Sachen, die ich heute mache und viele Freunde, die ich habe, hätte ich nicht tun beziehungsweise haben können, wäre ich als Cis-Mensch geboren worden. Wir müssen den alten Gedanken ablegen, daß wir unrichtig und häßlich und nirgends dazu passend sind! Wir sind leuchtend helle Wesen, die bewundert werden. Hast Du Lust, mitzukommen? Oder hast Du nun glitzernde Drag Queens im Kopf und denkst nur „oh nein!"?

Soll ich Dir etwas verraten? Ich habe tatsächlich 4

Pailettenkleider, aber die Intention ist dann doch eher ein Auftritt ala Gal Gadot in Wonder Woman 1984 und nicht Olivia Jones. Ich mag Drag Queens und Travestiekünstler und bin regelmäßig sowohl von ihrem künstlerischen Können als auch von ihren Makeup-Fähigkeiten begeistert. Gegen diese Profis sieht mein Gesicht immer 08-15 aus. Aber der Unterschied markiert schon einen der wichtigsten Fundamentpfeiler von uns Transfrauen. Wir sind immer Frau. Im Bus, beim Einkaufen (ok, ich finde es durchaus witzig, auch in langem, schwarzen Latexkleid und Ledermantel nach der Arbeit noch Brötchen zu kaufen und freue mich über die Blicke), auf Arbeit, im grellen Sonnenlicht und vor allem: nach dem Abschminken und vorm ersten Kaffee am Morgen.

Aber wenn Du das geborene Showgirl bist und Las Vegas Dich bisher einfach übersehen hat: Es zeugt von Stolz und einem intakten Rückgrat, als greller Papagei morgens in der U-Bahn zu sitzen. Mir reicht es da, ganz in Ruhe in, wahlweise pink oder türkis auf geschlossen schwarzen EBM-Konzerten aufzutauchen. Beispielsweise habe ich zum vorletzten WGT in Leipzig das EBM-Warmup im Felsenkeller besucht. Die Band startete drei Stunden zu spät, es war sauheiß, die ganzen 2-Zentner-EBMer in Springerstiefeln haben reichlich Bier getrunken und trotzdem ließen sich mich sie zur Seite schieben, bis ich direkt vor der Bühne in der Mitte stand. Zitat einer befreundeten Transfrau, die dabei war: „Das hätte ich mir niemals getraut!" Alles eine Frage der Haltung, der Schuhe und der Einstellung. Na gut. Und des Kleides. Bodenlages, nachtblaues Latex in Größe 34/36 mit seitlichen Schlitzen bis zum Po bei einer

Gesamtgröße von fast 1,80 schüchtern kleine Jungs schon etwas ein. ;)
Ich war übrigens völlig ruhig dabei und freute mich total auf die Musik, die gleich starten sollte. Das ist verrückt, oder?

Wir gehen den Weg gemeinsam, Stück für Stück. Du wirst andere Schlüsselmomente haben als ich aber Du wirst Dich an meine Worte erinnern und immer souveräner werden.

Das Sein als solches an sich

Wer bist Du?
Das ist der Moment, wo Du mal kurz Deinen Kopf ausstellen und auf Dein Herz lauschen sollst. Die einfache Frage ist hochkomplex und die Antworten ein manigfaltiger Strauß an Vektoren, die auch noch über die Zeit variabel sein können. Laß Dir diese Zeit! Bei mir haben die einzelnen Schritte auch eine ganze Weile gebraucht. Geh spazieren oder setz Dich an einen ruhigen, aufgeräumten Ort. Laß Dich nicht ablenken und sollte dies doch passieren, fang nach einiger Zeit noch einmal an. Und dann noch einmal. Merkst Du langsam etwas? Vielleicht kommt der Moment, wo Du einen Spiegel vor Dich stellen magst und so in Angesicht mit Dir weiter sinnierst. (Ich beobachte mich nach wie vor manchmal im Badspiegel und überlege, was das für ein Wesen ist, was mich da anschaut.) Spiegel sind Tore in andere Welten.

Ich war etwas gemein zu Dir und habe Dir eine schwere Aufgabe direkt am Anfang gestellt. Viele von uns hat die Traurigkeit über das Verkehrtsein und das Falschsein betäubt. Sie fühlen nicht mehr oder emulieren gefühlsähnliche Regungen durch Verstand. Ich fühlte mich innerlich völlig tot. Mein Leben war mir eigentlich egal, da eh versaut. Hier saß ich, ich häßlicher Troll und doch hätte ich in diesem Märchen die Prinzessin sein sollen. (Mir fällt gerade ein: Vielleicht geht es der Prinzessin genauso und sie verzehrt sich danach, ein Troll zu sein?)

Die wichtigste Sache für den Anfang und auch späterhin ist, wieder fühlen zu lernen. Für den Anfang am Besten nur in und mit Dir allein. Dich selbst kannst Du kontrollieren und verstehen. In Dir selbst bist Du vollkommen sicher. Wie eine kleine Blume unter einer Glaskuppel dem Sandsturm draußen trotzt.

Die zweite Aufgabe ist etwas einfacher und nun kannst Du auch wieder den Kopf mit dazu holen. Wer möchtest Du sein? (Überspitzt könnte ich auch fragen: Was soll später auf Deinem Grabstein stehen?) Natürlich fällt Dir nicht sofort eine stringente Lebensgeschichte ein, die Du wie auf einer Kreuzfahrt der Reihe nach nur abzufahren brauchst. Fangen wir doch mal ganz vorn und einfach an. Wie bei der Gefühlsaufgabe ist es nicht unpraktisch, wenn Du Dir dabei Stichpunkte machst. Es ist scheißegal, wie der Zettel am Ende aussieht, ob voller Fragezeichen und Durchstreichungen. Heb ihn auf und nimm ihn später immer mal wieder zur Hand und sinniere darüber! Dabei kannst Du ihn erweitern oder weitere schreiben und später vergleichen.

Wenn Du Dich in genau diesem Moment selbst betrachtest, genau wie Dein Leben, Deine Wohnung, Deinen Job, bis hin zur Länge Deiner Fingernägel. Was ist davon in der Nähe Deines Ideals, der Frau, die im Marmorblock steckt und darauf wartet, freigemeißelt zu werden? Überleg Dir, ob Du statt eines Zettels Dir nicht lieber ein ganz persönliches Notizbuch wie ein Tagebuch kaufst, in welches Du sowohl Deine Vorstellungen, als auch Schritte, die Du unternimmst und Resultate niederschreibst. Von mir aus mit Fotos. :)

Ich rate Dir, Dir eins von diesen schön verzierten Büchern in besseren Schreibwaren- oder Kunstgewerbeläden zu kaufen und nicht eins für 1,50€ im nächsten TeDi. Immerhin geht es um etwas ganz Wichtiges und Wertvolles, um Dich.

Hast Du Dich vielleicht bisher immer zuhause in Highheels, pfurzkurzen Lackrock und eine transparente Bluse geworfen, alles von einer löwenmänenartigen, platinblonden Kunstfaserperücke gekrönt? Ist ein toller Style, aber bist das vollständig Du? Sind die Schuhe, die Du sicher wochenlang eingelaufen hast, bequem und fühlst Du Dich in ihnen sicher? Sind die Haare Du? (Manchmal beneide ich Transfrauen, die mittels Perücke täglich ihre Erscheinung völlig neu gestalten können. Durch meine Kopfform und die langen Haare sieht das bei mir total merkwürdig aus und ich darf mich mit der komplizierten Instandhaltung und dem Styling meiner natürlichen Haare beschäftigen, was nicht immer ein komplett befriedigendes Ergebnis liefert (v.a. wenn in einem heißen Klub nach einer halben Stunde die Frisur

kollabiert und in Not irgendwie hochgeleiert wird.)
Auch wenn Du aktuell einen Bürstenhaarschnitt wie der
Nachbar in „American Beauty" hast, entwickle Dich!
Stück für Stück. Es gibt in Deutschland bezahlbare
Haartransplantationen vom Hinterkopf an Haaransatz
und Geheimratsecken, mit denen bemerkenswert viel der
üblichen Problemzonen kaschiert werden kann. Leider
stellt dies keine Kassenleistung dar. Und nun gleich im
Anschluß den Dämpfer in die andere Richtung: Sätze wie
„Mit meinen Haaren geht eh nur ein schlichter Bob."
mag ich gar nicht. Optionen, die Du nicht benutzt, sind
Optionen, die Du nicht besitzt (Zitat Welle:Erdball).
Druck Dir den Spruch aus und häng ihn Dir an die
Wand! Laß sie wachsen und geht zu einem oder
mehreren Friseuren und laß Dich in Richtung „Es soll
weiblich und sexy aussehen" oder so, beraten! Laß Dir
niemals die Butter vom Brot nehmen! Das Gleiche gilt,
wenn Du am Anfang mit dem Passing Probleme hast.
Wenn an der Kasse im Supermarkt irgendwelche
pubertierende Schnösel abwertende Bemerkungen
machen, dreh Dich rum, schau ihnen direkt in die Augen
und bleib gelassen und ironisch! Zum Beispiel wäre ein –
ich arbeite dran und in zwei Jahren gewinne ich
„Germanys next Topmodel" durchaus eine smarte
Antwort. Gewitzt, selbstironisch und völlig agressions-
frei gegenüber den anderen. Wenn Du Dir später sicher
bist und sowohl um Deine mentale Stärke als auch Deine
Verteidigungsfähigkeit weißt, kannst Du ihnen auch
dumm kommen. Am Anfang, wo man Dir vielleicht ein
Glänzen auf der Stirn ansieht oder Du leicht zitterst und
der Weg nach Hause noch weit ist, würde ich es nicht
empfehlen. Wie gesagt. Mittlerweile würde ich mich

auch mit 3 Nazis anlegen, könnte sein, daß man ein paar Treffer kassiert, aber die machen das nie wieder.

Bei uns in Halle gibt es immer mal das Angebot eines Wendo-Kurses für Flinta-Personen. Vielleicht findest Du bei Dir ein ähnliches Angebot. Beim Wendo geht es um drei Dinge: richtige (handgreifliche) Verteidigung, Deeskalation im Gespräch und als letztes ein mentales Training. Man muß lernen, die Nerven zu bewahren und mit klarem Verstand in einer Bedrohungssituation zu reagieren. Wenn ich von einem betrunkenen Passanten abends auf der Straße angemacht werde, kann ich nie einschätzen, wie gefährlich er ist. Ich weiß nicht, ob er in einer Kampfsportart trainiert ist, wie kräftig er ist und ob er bewaffnet ist. Aber das ist auch egal. Sei wachsam! Die Ausschüttung des Adrenalins sorgt ganz automatisch dafür. Gerate nicht in Panik. Das schadet Dir nur selbst und Deiner Konzentration. Schätze Dein Gegenüber ein, kalkuliere das Restrisiko und mach deutlich, daß Du absolut nicht sein Ziel bist! Sollte es Dir nicht gelingen, ihn mit Haltung und klaren ruhigen Worten loszuwerden, warne ihn! Wenn er angreift, setz auf maximalen Schaden: Eier, Kniegelenke (v.a. seitlich), Schläfen, Kehlkopf. Wenn Du nicht gerade einen trainierten Kämpfer als Gegner hast, der gewohnt ist, Treffer zu kassieren und der seinen Angriff dennoch koordiniert weiterführt, stehen Deine Chancen gar nicht schlecht. Das Recht ist übrigens auf Deiner Seite. So etwas nennt man eine klassische Notwehrsituation. Du solltest ihn nur nicht komplett ins Koma prügeln oder mit einem (zufällig mitgeführten) Dolch perforieren. Das sehen die Cops nicht allzu gern und dürfte Dir umgehend eine

Anzeige wegen Körperverletzung und eine wegen illegalen Waffenbesitzes (scharfe Klinge > 12cm) einbringen.

Pfefferspray wäre eine Option, aber dafür kann man ohne kleinen Waffenschein auch schon belangt werden und hat oft Probleme bei Einlaßkontrollen von Klubs. Außerdem versteckt sich das kleine Döschen immer in der hintersten Falte Deiner Handtasche, ist in einer Gefahrensituation also nutzlos. (Ähm, Du, Angreifer. Warte mal kurz, ich muß nur mal kurz mein Pfefferspray rauskramen, dann können wir weitermachen.)

Aber zurück zu Deinem neuen, echten Ich. Verabschiede Dich von Dingen in Deinem Leben, die nicht Du sind, die sich irgendwie nicht echt anfühlen oder die Du Dir angewöhnt hast, weil andere Leute das von Dir erwarten! Du kannst mit kleinen Dingen anfangen. Wenn Du merkst, daß es Dir gut tut, kannst Du radikaler werden. Wir kommen da später noch drauf. Aber laß Dir sagen: Grundsätzlich ist erst mal alles möglich. Greif nach den Sternen! Selbst, wenn Du unterwegs eine bequeme Position findest, behalt Deine Träume, Deine Ideale, Dein ideales Ich immer im Blick! Auch das meine ich wieder nicht nur in Hinblick auf Outfits, Haarschnitt und Job, sondern global. Man kann nur ein Ziel erreichen, wenn man es sich in seinem Kopf vorstellen kann. Das ist übrigens eine schamanische Technik. Viele Schamanen heilen oder lösen Probleme im realen Leben, indem sie sie zuvor in der Anderswelt lösen oder indem sie sehr intensiv imaginieren. Schau in andere Erfolgsratgeber unter dem Schlagwort Imagination! Das klingt im ersten Moment völlig blöd, ist aber ein erstaunlich effektives Werkzeug. Es funktioniert, stark vereinfacht, so: Du denkst sehr oft und detailreich an Dein Ziel. So, als hättest Du es bereits erreicht. Du siehst also Deinen Traumwagen nicht an Dir vorbeifahren, sondern Du sitzt am Steuer und fühlst den Sitz und die Leistung des Motors. Nur so läuft es. Diese mentale Auseinandersetzung führt dazu, daß Du das entsprechende Ziel auch im realen Leben verfolgst. Je nach Komplexität wirst Du früher oder später siegreich sein. Einige Wünsche, die ich so verwirklichte waren: „Ich möchte eine Arbeit machen, die mir Spaß macht und die mir genug Geld zu einem angenehmen Leben bietet". „Ich möchte eine erfolgreiche und bewunderte Domina sein." oder „Ich möchte ein Mazda 929 HB Coupe haben, bevor es in Deutschland keine mehr gibt, vorzugsweise in der seltenen Version 2.0i GLX" Ähnliches gilt für die Veränderung des Äußeren. Scheinbar siegt auch hier, wenn auch sehr langsam, Geist über Materie. Was soll ich sagen? Manchmal erfüllen sich Wünsche schneller, als man denkt und bringen zusätzlich eine ganze Reihe positiver Seiteneffekte mit. Am Ende des Prozesses hat man fast alles, was man haben möchte, ein echt schönes Leben und sieht hübsch aus und kriegt von unerwarteter Seite Komplimente.

Während Deines Entwicklungsprozesses solltest Du aber auch immer mal Luft holen, kurz innehalten und zurückblicken. In solchen Momenten kann man erst den bereits beschrittenen Weg erfassen und die vor einem liegenden Ziele besser fokussieren, bevor man von Neuem losläuft.

Traust Du Dir das zu? Halt! Hast Du gerade gedacht, daß das auf Dich nicht zutrifft? Leg mir mal plausibel dar, aus welchen Gründen! Meine Emailadresse ist nicht geheim. Ich bin gespannt, vermute aber, daß es mehr Energie kostet, ein „Aber" zu finden, als zu starten. Ich höre mich schon an wie so ein doofer Motivationsguru aus dem Fernsehen.

Eigenschaften der Frau

An welchen Schrauben können wir denn noch drehen? Hast Du Dir schon mal darüber Gedanken gemacht, was Du an Frauen bewunderst? Welche Details für Dich besonders erstrebenswert sind? Üblicherweise sind wir Transfrauen sehr gute Beobachter, die das Verhalten und die Bewegungen von Frauen regelrecht studieren, um sie später durch Nachahmung zu übernehmen.

Hier kommen wir nicht nur wieder am Thema persönlicher Stil vorbei: kleidest Du Dich eher leger und praktisch, eher sportlich, eher elegant oder bist Du z.B. Punk? Ich selbst stehe einfach nicht so auf Sport und Sportsachen (außer Badeanzüge. Badeanzüge sind toll!) und hab irgendwie auch Probleme mit T-Shirts, Sweatshirts und Dingen mit blöden Sprüchen oder irgendwelchen Markenlogos drauf.

Wenn ich für irgend etwas Werbung mache, dann für mich! (Ausnahme: T-Shirts vom NCN-Festival und unserem Museum). In einer idealen Welt könnte ich häufiger lange Kleider oder Kostüme tragen, nicht zu heftig, aber doch elegant. Praktische Gesichtspunkte (Einpacken von 30kg Mischpulten) führen zu einer recht abwechslungsreichen Garderobe und einem Paar flacher

Wechselschuhe unterm Schreibtisch, falls die Spedition doch mal einen schweren Würfel abwirft. Ansonsten hab ich mich an hohe Schuhe gewöhnt. Anmerkung (August 2023: Seit Anfang des Jahres trug ich fast jeden zweiten Tag ein Qipao auf Arbeit. Da ich davon mittlerweile über dreihundert habe (Autismus sei Dank!) jedes Mal auch ein anderes.)

Zurück zu den Schuhen. 5-10 Zentimeter, vorzugsweise in Form schmaler Keilabsätze sind sehr bequem und ich kann darin sogar rennen. Darüber wird es je nach Schuh und Untergrund ein höheres Unfallrisiko darstellen und meine Füße stärker als flache Latschen belasten aber noch merke ich nichts bzw. wechsle halt zu niedrigeren, bequemen Schuhen, bevor es nervt. Aber Absätze führen schlicht zu einer ganz anderen Haltung. Schau Dir mal Fotos von Dominas an! Warum haben die wohl so hohe Schuhe an? Es unterstreicht die weibliche Silhouette und verleiht Autorität. Natürlich laufen Dominas auch flach. Ich ziehe bei Sessions nicht selten die Schuhe aus, um mit meinen Füßen zu arbeiten oder um beim Seilen einen sichereren Stand zu haben. Immerhin hab ich die Verantwortung zu tragen und die Gäste wiegen meistens mehr als ich..

Aber irgendwie bin ich schon wieder bei Äußerlichkeiten gelandet. Was beeindruckt Dich noch an Frauen? Vielleicht an diversen konkreten Frauen im Detail? Was davon paßt zu Deinen persönlichen Interessen bzw. auf was hast Du schon lange mal Bock? (z.B. der Kampf mit dem Breitschwert)

Nützliches Fähigkeiten

Einige Dinge kamen bei mir fast automatisch. Seit frühester Kindheit war ich von technischen Dingen fasziniert. Ich repariere meine Autos weitestgehend selbst: Getriebe zerlegen, schweißen, lackieren, Elektrik. Schon vor dem Studium beschäftigte ich mich mit Elektronik und Computern. Das Diplom ist quasi der offizielle Schein, daß ich das mache (Na gut! Ich arbeite seitdem auch wesentlich strukturierter)

In der Schule hatte ich ab der fünften Klasse als erste Fremdsprache Latein und war heilfroh, daß ich es in der neunten loswurde. Englisch und Russisch brachte ich zu gutem Mittelmaß, aber erst das Leben führte dazu, daß ich als Sprachvollpfosten plötzlich richtig durchstartete: Reparaturanleitungen und technische Unterlagen sowie Animes puschten mein Englisch. Das Interesse an Land und Leuten und weitere technische Literatur förderten wiederum mein, heute wieder reichlich eingestaubtes, Russisch. Die Faszination an Vietnam und mittlerweile über ein Jahr Aufenthalt dort brachten mir genug Vietnamesisch, um dort gut zurecht zu kommen. Erstaunlicherweise scheint gerade das Vietnamesisch besonders stark im Kopf zu bleiben. Sprichst Du manchmal Leute auf vietnamesisch an und redest über Deinen Alltag oder das Wetter? Macht schon Eindruck, oder? Kürzlich las ich, daß vietnamesisch so kompliziert wie finnisch sei, wobei letzteres 14 Fälle hat. Finnisch klingt auch toll und wäre mal witzig zu lernen! ;)

Ich empfehle Dir eine solide Allgemeinbildung. Ich meine nicht, daß Du C-Promis mit Konfektionsgröße und

Adresse auf Malle aufzählen kannst, aber es ist mitunter praktisch, wenn man Willy Brandt von Willy Stoph unterscheiden kann. Solltest Du in Deiner Muttersprache Probleme mit Rechtschreibung und Grammatik haben, schmeiß Deinen Fernseher weg und lies mehr Bücher und studiere die handlichen Grammatikübersichten! Wenig ist so unsexy wie eine Lady, die durch plumpen Satzbau und mangelndes Verständnis gängiger Fremdworte auffällt, dafür aber umso lauter spricht.

Womit schreibst Du in Deinem Alltag üblicherweise? Mit Kuli? Schmeiß auch den weg! Kauf Dir einen Federhalter/Füller, der zu Dir paßt. Es muß kein Luxusteil von Parker oder so sein. Es muß sich passend und gut anfühlen. Ich schreibe seit über zwanzig Jahren mit einem einfachen, blauen Pelikan. Die Schreibhand ermüdet weniger schnell und die Schrift wird schöner. Du solltest so viel wie möglich mit Deinem Füller schreiben und Dich dabei jedes Mal darüber freuen!

Über Aussprache möchte ich eigentlich nur kurz reden. Vermutlich hast Du bereits gelernt, mit lauter, kräftiger Stimme zu sprechen um Dich durchzusetzen. Lerne mit kontrollierter, sanfter Stimme zu sprechen. Für Transfrauen gibt es zusätzlich zum eigenen Lernen Möglichkeiten, die Stimme weiblicher zu gestalten. Die Krankenkassen tragen in der Regel den Besuch eines Logopäden.
Außerdem gibt es chirurgische Möglichkeiten: Bei der einen Methode werden die Stimmbänder gekürzt, was, da sie nur 2-3cm lang sind, gern mal schiefgeht und Dir eine dauerhaft kratzige Rabenstimme schenkt. Bei der

anderen Methode wird der Kehlkopf angehoben, wodurch die Stimmbänder automatisch mehr Spannung bekommen. Diese Version hat aber einen geringeren Effekt, was die Frequenzanhebung angeht und nimmt einem teilweise die Möglichkeit, tief und voll zu singen. Durch Untersuchungen im Vorfeld kann der Arzt den ungefähren Frequenzhub bestimmen, der erreichbar ist. Bei beiden Methoden wird sowohl durch den Mund, als auch durch einen kleinen Schnitt auf Höhe des Kehlkopfes gearbeitet.

Ich habe weder einen Logopäden besucht, noch geführtes Stimmtraining absolviert, noch eine OP durchführen lassen. Manchmal kippe ich in tiefe Gefilde ab, aber meistens klappt es recht gut und diese nicht zu hohe Stimme scheint sehr überzeugend und stimmig zu wirken. Was mache ich? Ich spreche nun bewußter als früher. Durch längeres Üben schaffe ich das nun auch angeheitert in lauter Runde. Jedoch funktioniert es morgens vor dem ersten Kaffee und in hektischen Momenten am Telefon noch nicht perfekt.

Weiterhin habe ich mir nicht nur eine Sanftheit und teils gegen Ende des Wortes höhere Frequenz angewöhnt. Generell sprechen Frauen mit viel mehr Melodie. Männer bleiben, außer wenn sie erregt sind, in ihrem, recht begrenzten Frequenzbereich. Frauen hingegen „schmükken" permanent ihre Sprache wie Vogelzwitschern und spielen mit dem Klang. Dadurch klingt die Sprache leichter, heller und interessanter.

Hör mal einer Italienerin beim Telefonieren zu! Das ist eine Erkenntnis. Und vergiß beim Sprechen die Mimik und Gestik nicht! Je nachdem, welcher Typ Du bist, ist diese zurückhaltend oder lebhaft, aber sie sollte Deine

Worte unterstreichen, sie tragen. Räum also nicht mit breiten Armbewegungen den Tisch ab, aber sitz auch nicht wie ein Ein-Mann-Zelt ohne Spannleinen in Dich zusammengesunken da. Denk dran! Du bist eine schöne, stolze Frau und mit Dir im Reinen. Kleidung, die perfekt sitzt und in der Du Dich magst und wohlfühlst, hilft in so einem Moment immens.

Löcher im Körper und Schmuck an den Ohren sind Geschmackssache, aber grundsätzlich würde ich Dir dazu raten, Dir Ohrlöcher stechen zu lassen. Diese brauchen ein paar Wochen bis Monate, ehe sie schmerzfrei verheilt sind. Wenn man sich Fotos früherer Filmschauspielerinnen ansieht, wird man kaum eine ohne Ohrlöcher finden. Nicht nur in unserem westeuropäischen Kulturkreis sind Ohrlöcher ein, überwiegend weiblich konnotiertes Schmuckmerkmal. Außerdem hat es zwei überaus praktische Seiten: Ohrringe mit Sicherungen verliert man wesentlich seltener als Clips, die oft, selbst wenn sie klein sind, nach einigen Stunden unangenehm drücken und Dein Ohrläppchen mit der Zeit zu einem Eierkuchen plattdrücken, es gibt viel mehr und hübschere Ohrringe als Clips. (Anmerkung: Ich habe ein Paar weißer Saphire, die als blütenförmige Hänger und als Clip gearbeitet sind. Man spürt sie beim Tragen und durch den modernen Verschluß mit Polsterung sind sie zumindest für ca. 2h problemlos tragbar. Weiße Saphire in Brillantschliff sind übrigens eine kostengünstige Diamantenalternative. Ich würde eine Weißgoldfassung empfehlen.) Damit wären wir auch beim finalen Argument gegen Clips angekommen: spätestens, wenn Du einen Anderthalbkaräter verloren hast, bist Du von

Clips erstmal eine Weile geheilt.

Eigentlich ist es fast genauso wie bei dem Thema Absatzhöhe. Man muß nicht bzw. nicht immer in hohen Schuhen laufen, aber mitunter spielt dieses Detail Dir in die Hand. Und aus Erfahrung kann ich sagen, man gewöhnt sich an hohe Schuhe und fühlt sich komisch, wenn man zur Umzugshilfe zu Freunden fährt und seit Langem mal wieder Sneaker trägt. Nachtrag: Ohne Ohrringe, und wenn es nur kleine, goldene Creolen sind, fühle ich mich auch irgendwie halbnackt.

Bei einigen weiteren „Tugenden" der eleganten Dame gehen die Geschmäcker auseinander. Je nach Deinem Geschmack werden Dich einige Themen mehr, andere weniger ansprechen. Ein Basiswissen kann jedoch nie schaden und kaschiert im Zweifel gefährliche Wissenslücken, die man dann zu Hause stopfen kann. Zum Beispiel ist ein „Ich kann nicht kochen." weniger günstig und bringt Dich schneller ins Schleudern als ein „Basiswissen vorhanden. Für einen Gänsebraten mit Klößen müßte ich noch einmal kurz nachschlagen aber mein Lieblingsessen kriege ich ohne Fertigprodukte perfekt hin."

Schneidern und Nähen war für mich seit Langem ein spannendes Thema. Immerhin hatte ich schon in recht jungen Jahren Kleidungsstücke im Kopf, die man nur, wenn überhaupt, irgendwo teuer herstellen lassen oder selbst schneidern konnte. Entsprechend lernte ich, die Eigenschaften gängiger Bekleidungsmaterialien, Nahtarten, sowohl mit der Hand als auch mit Maschine zu nähen, sowie einen Schnitt zu konstruieren und daraus ein Kleidungsstück zu fertigen. (Große Sachen kriege ich auch nicht hin. Ich bin keine Schneiderin!)

Wenn es Dich nicht interessiert, mußt Du natürlich keine Schneiderin werden, aber Reparaturen und kleine Änderungen selbst durchführen zu können ist sehr praktisch. Gerade als Transfrau passen einige Sachen an irgendwelchen Stellen nicht und müssen für perfekten Sitz angepaßt werden. Bei mir regelmäßig: Brust zu eng, Taille viel zu weit. Ich habe 91/67/90 bei 56,5 Kg und 1,74 m Größe.

Kauf Dir eine Haushaltsnähmaschine! Die näht schneller und die Nähte sehen viel besser aus als von Hand. Nähen ist kein Teufelswerk. In der DDR haben das viele Mädchen und auch Jungs im Kindergartenalter bereits mit der Maschine gekonnt.

Ein weiterer Nebeneffekt des Hobbys Nähen ist, daß Du auch Sachen kaufen kannst, die Dir nicht 100%ig passen oder wo Du siehst, was Du ändern kannst. Und Du erkennst nach einiger Zeit schlechte Teile, die aufgrund des Materials, der Verarbeitung oder des Schnittes im Laden hängenbleiben sollten.

Spielst Du eigentlich ein Instrument? Also nicht nur die erste Zeile von „Für Elise" auf dem Klavier? Schau mal, ob das etwas für Dich ist. In vielen Kulturkreisen (außer dem heutigen Deutschland) ist es nach wie vor üblich, daß gerade Töchter ein oder mehrere Instrumente spielen lernen. Ich habe mir vor einigen Jahren eine 36-saitige Halbtonklappenharfe gekauft und zeitnah gelernt, wie man diese instandsetzt, was ein nicht gering entlohntes Wissen ist. So war es mir möglich, eine zweite, weit günstigere Harfe für meine Frau zu kaufen und zu richten. Allerdings spiele ich nur ab und zu zur

Entspannung darauf und bin nicht professionell.

Einige Zeit lang hatte ich in der Stadt und an Stellen, zu denen mich meine Arbeit führte, selbstgebastelte Schilder mit der Aufschrift „TANZEN HILFT" aufgestellt. Die Aussage entspricht meiner aufrichtigen und tiefen Überzeugung. Geh tanzen! Egal zu welcher Musik und egal wie verrückt und windmühlenartig Du Dich dabei verrenkst. Tanzen hilft! Und wenn es zu Clowcore von Ed Cox (sehr gut) im Strobolicht ist.
Darüber hinaus steht es einer Dame durchaus gut zu Gesicht, wenn sie mit den üblichen Standardtänzen (als geführter Part natürlich) umgehen kann. Solltest Du gar keinen Zugang zu Gesellschaftstanz haben, versuch Dir wenigstens den Discofox anzueignen. Und Theorie reicht nicht. Du mußt die Bewegungen mit Partner wirklich üben, sonst wird es nichts. Ein einfacher Discofox ist viel besser als die Antwort „Ich kann leider nicht tanzen, mein Herr." Hab ich Recht?
Auf eine Sache wurde ich vor einiger Zeit von einer befreundeten Transfrau aufmerksam gemacht. Als Transfrau mußt Du gar nicht Deine bisherigen Hobbys wegwerfen und nur noch Mädchendinge tun. Wir sind frei. Wir können mindestens aus beiden Pools kräftig schöpfen. Sie kam nach einem Abend unserer Selbsthilfegruppe auf mich zu und dankte mir für diese Offenbarung.
Zur Verdeutlichung ein paar Widersprüche aus meinem aktuellen Leben:

-       selbst Autos reparieren (kürzlich: Zylinderkopf-
        dichtung und Zahnriemen gewechselt)

- ggf. am gleichen Abend perfekt gestylt in langem Kleid zum Tanz.
- Arbeit mit modernen 32-Bit Microcontrollern
- Ausflüge zu Mittelaltermärkten und Langbogen Schießen auf dem Dachboden
- Erfolgreiche Domina
- spielt neuerdings mit Barbie, nein. Mit ihrer Kira
- Kocht und bäckt wie früher in der DDR
- Steht von Zeit zu Zeit total auf Chips und Tütensuppen
- Ist Switch – also im BDSM aktiv und mal passiv
- Hört Progressiv Psytrance, Breakcore, DDR-Combos, antiken Prog-Rock, vietnamesische Schlager, Canton-Pop der 80er und ganz viel Klassik (da fehlt noch ganz viel)
- Hat Automatisierungstechnik / Mechatronik studiert und baut Lehmöfen oder bohrt Feuer oder versucht, im Garten Pfeilspitzen zu gießen.

Das ist nur eine bescheidene Auswahl, auf den ersten Blick irgendwie nicht zusammenpassender Aktivitäten. Na und! Es funktioniert trotzdem. Mach, wozu Du Bock hast!

in eigener Sache

Zwei Themenkomplexe kamen in mein Leben wie das Kind zur Jungfrau. Das erste ist der BDSM und das zweite Spiritualität, in konkreter Form: der

Schamanismus.

Vor reichlich fünf Jahren wußte ich zwar, daß „SM" für Sadomasochismus steht und einen Sonderfall der menschlichen Sexualität beschreibt, in dem es um Schmerzen und Perversionen geht, aber mehr auch nicht. Kurze Zeit darauf lernte ich meine Frau kennen, die sich bereits fast zehn Jahre privat in der Szene bewegte und fing Feuer. Eigentlich lernten wir uns in ganz anderem Rahmen kennen aber sie erzählte in recht lockerer Weise von ihrem Leben und lud zum BDSM-Stammtisch ein .Und so näherten wir uns als potentielle Spielpartner an, obwohl wir beide sagten, daß wir gar nicht des anderen Beuteschema wären.

Kurzum: Es geht gar nicht um Sex. Zumindest nicht primär. Schläge muß auch niemand bekommen und das sind eigentlich ziemlich normale, freundliche Menschen, die sich bei ihren Stammtischen über Modellbahnen und alles mögliche unterhalten – dort auch komplett in normalen Straßenoutfits. (Möglicherweise bin ich die Ausnahme. Nein! Halt! Ich trage ja auch im Alltag mal Latex also stimmts wieder. ;))

Na und dann? Handbuch lesen, erste Parties, Spielzeug gesammelt, sehr steile Lernkurve. An dieser Stelle empfehle ich für Interessierte, jedoch unbeleckte das BDSM-Howto im Internet (www.bdsm-howto.de) sowie das BDSM Handbuch von T. J. Grimme als Lektüre.

BDSM steht für Bondage (Fixieren mit Seilen, Ketten, Käfigen, Folie und sonstigem), Dominanz und Submission (das zeitlich und im Umfang abgesprochene und begrenzte Spiel mit einem Machtgefälle zwischen einem dominanten Part (Dom) und einem devoten Part

(Sub), gern in Form ausgefeilter Rollenspiele) sowie Sadismus/-Masochismus (hier geht es tatsächlich um physischen Schmerz, den der Sadist dem Masochisten verabreicht).

Dabei gibt es zumeist keine reinen Sadisten oder so, vielmehr hat man mit spannenden Mischungen zu tun, z.B. einer Frau, die überwiegend dominant ist, dabei eher Männer dominiert, kaum Interesse oder Lust daran hat, diese zu schlagen, es sei denn als Stilelement im dominanten Spiel. Weiterhin könnte diese Frau auch noch einen Faible für Latex, aber gar keinen für Leder haben und selbst gern möglichst restriktiv in Seilen liegen wollen. Da der passive Part beim Seilen (Bunny) per Definition vom aktiven Part (Rigger) geführt bzw. kontrolliert wird, muß sie in dieser Rolle selbst von dominant nach devot „umschalten". Menschen, die sowohl dominant als auch devot spielen, nennen sich daher „switch".

Zum BDSM-Kosmos würde ich also noch in Bezug auf Erotik Materialfetische und Fetischpraktiken hinzuzählen.

Ich selbst bin Switch mit recht hohem dominanten Anteil. Und wie das mit Allem, was man macht so ist, kam in mir recht schnell der Wunsch auf, nicht so ein Bißchen BDSM zu Hause zu machen und ab und zu meine Frau mit einem Küchenbrettchen zu beklopfen. Ich wollte in den unterschiedlichen Praktiken richtig gut werden - und neben den „handwerklichen" Sachen vor Allem darin, eine beeindruckende und kompetente Herrin zu werden, die ich mir selbst auch glaubte. So, daß man bei einer Party den Raum betritt und ihn erfüllt und die Blicke automatisch auf einen gehen.

Grundsätzlich ist das eine Sache, die eh nur bis zu einem bestimmten Level „gespielt" oder emuliert werden kann. Mir kam zugute, daß ich offenbar geeignete Anlagen mitbrachte und so sehr schnell und paßgenau in meine Dominarolle fand. Den restlichen Erfolg machten furchtbar teure, maßgeschneiderte Kleider, gute Ausrüstung und Kreativität während des Spiels aus.

Als Transfrau habe ich im BDSM ein kleines Handicap, da einige Menschen nur mit Cisfrauen, „echten Frauen" spielen. Aber einen Großteil konnte ich mit Fertigkeiten und Ausstrahlung kompensieren und genieße nun einen recht guten Ruf. Und ich hab es mehrfach erlebt, daß einige Leute, die mich erst ausgeschlossen haben, weil ich eine Transfrau bin, sich dann für eine gute Session bedankt haben.

Warum schreibe ich so viel über BDSM? Das hier ist doch kein Fetischführer und neue Kunden brauche ich auch nur in Maßen, da mein Kalender gut gefüllt ist. Aber auf einer BDSM-Party wird man als das genommen, was man in diesem Moment ist: Eine Katze ist eine Katze und kriegt einen Napf mit Wasser hingestellt, ein Pony ist ein Pony und gegengeschlechtliche und sehr sparsame, dafür aufreizende Kleidung ist normal, häufig sogar Voraussetzung, um eingelassen zu werden. Wer eine gewisse Affinität in diese Richtung verspürt, kann als Transmensch in der BDSM Szene einen geschützten Bereich finden, in dem er sich ausprobieren und Selbstvertrauen erlangen kann.

Bei den kleineren Veranstaltungen herrscht gewöhnlich guter Umgang und wer andere beleidigt oder gar handgreiflich wird, bekommt eine ganze Weile

Hausverbot. Bei größeren Veranstaltungen sind natürlich auch die üblichen Knaller dabei. Da muß Frau dann schon ein etwas dickeres Fell mitbringen und im Zweifel wohldosierten Schmerz verschenken oder die Deppen von der Security vom Platz stellen lassen.

Apropos Fell. In dieser Szene kann man Pelz tragen, ohne daß man dafür angepöbelt wird. Leopold von Sacher-Masoch schreibt in seiner „Venus im Pelz": „Die Frau legt den Pelz an und wird zu einer großen, gefährlichen Katze." Ich finde das überaus zutreffend. Leider ist es schwierig, gute Pelze mit tailliertem Schnitt in Größe 36 zu sinnvollen Preisen zu finden. (schluchz!)

Die ganze Sache hat eine ambivalente Wirkung heinein in den Alltag. Ab und zu muß ich mein dominantes Temperament bremsen. Nicht jeder Kunde des Ingenieurbüros weiß es zu schätzen. Aber auf der anderen Seite ist es überaus praktisch. Man läuft aufrechter und kann Kleidung tragen, die nicht jede tragen kann und es fühlt sich absolut richtig an. Das Feedback gibt mir Recht. Vermutlich sollte jede Frau, unabhängig davon ob Cis oder Trans, eine Zeit in ihrem Leben als Domina arbeiten. Ein paar Wochen reichen aus. Die Einstellung, die man davon mitnimmt, bleibt im Hinterkopf und man läßt sich wesentlich seltener die Butter vom Brot nehmen – schon gar nicht von kleinen Jungs! Hier fallen mir einige meiner (Cis-)Freundinnen ein, die regelmäßig in Kfz-Werkstätten ausgenommen werden und zwar merken, daß das passiert, aber sich irgendwie nicht durchsetzen können. Ich möchte noch einmal erwähnen, daß es nicht um Sex geht. Ich bin zwar keine „unberührbare" Herrin, aber würde ich mit meinen Kunden intim werden, würde ich meinen Stundensatz auf den einer Nutte herabsetzen, was extrem dämlich wäre. BDSM war für mich wie eine kostbare Psychotherapie, die mir half, mein früheres, total beschädigtes Selbstbewußtsein nicht nur zu reparieren, sondern völlig neu und viel stärker und schöner aufzubauen. Nun ist es ein abwechslungsreicher Teil meines Lebens geworden. Als Seiteneffekt gab es mir eine sehr angenehme Lockerheit im Gespräch über Körperdetails und erotische Praktiken. Das komplette Gegenteil habe ich im Bekanntenkreis: Ehepaare, die nicht unter vier Augen über ihre Sexualität sprechen können und nach einiger Zeit auch keine mehr hatten.

Eine völlig andere Sache, die seit einiger Zeit Raum in meinem Leben hat und mir gut tut, ist Spiritualität. Bisher war ich eine glasharte Technikerin, völlig berechnend, rational, skeptisch, aber seit Kindertagen verlor ich mich dennoch regelmäßig in Fantasiewelten und Tagträumen und hatte immer das Gefühl, daß uns die Wissenschaft nicht alles in unserer Welt erklären kann. Der Autismus war dabei auch nicht wirklich hilfreich. So wurde ich mit der Zeit Schamanin. Vielleicht war ich es auch bereits und knaupelte es nur wieder frei. Wenn mir jemand die Frage „Was bist Du?" stellt, so antworte ich immer: Beruf, Berufung oder Job? Was möchtest Du wissen? Schamanin ist in diesem Falle die Berufung. Das ist mitunter anstrengend und geht arg unter die Haut. Das macht man nicht für Geld.
Religiöse Konstruktionen und Rituale, wie sie von vielen Menschen gepflegt werden, funktionierten bei mir noch

nie und meine Familie ist auch nicht religiös. Wir besuchten Kirchen aufgrund ihrer architektonischen Ästhetik und wegen der ruhigen Atmosphäre. Bei der Auseinandersetzung mit der Geschichte der Bibel stellte ich sehr schnell fest, daß sie eine von vielen, in ihren Grundzügen ähnliche Geschichte ist und schon wollte ich den Ursprung, die Ur-Welt-Geschichte, die Basis erforschen. Recht schnell landet man so bei archaischen, vorchristlichen, mythologischen Modellen und dem Schamanismus. Kurz: Glaube nicht, handle! Denn nur das Handeln und zwar das vollständig gewahre Handeln im Moment ist Kraft und kann sowohl etwas bewirken als auch Erkenntnisse gewähren.

Ich brachte mir Wissen über Kräuter und Heilpraktiken bei, lernte Trancetechniken, experimentierte mit psychedelischen Stoffen. Viele Schamanen sagen: Probiere aus, ob eine bestimmte Praktik für Dich funktioniert! Wenn nicht, mach etwas anderes! Schamanen sind Prakmatiker und Macher, und obendrein totale Scherzkekse. Wenn man einmal hochgesprungen ist und das Universum als Ganzes gesehen hat, wenn sich Dein wahres Wesen, Deine Aufgabe im Leben offenbarte, dann lachst Du über fehlende Brote im Supermarkt und greifst zu Knäckebrot oder ganz etwas anderem. Ich empfinde es als sehr wertvoll, meine Aufgabe zu kennen und darum zu wissen, wieso das so ist.
Das Wissen, wer man ist, daß das, was die meisten Menschen „Realität" nennen, also der 4D-Raum, in dem wir mit unserem zu Fleisch und Zeit kondensierten Körpern, Reibung und der Lichtgeschwindigkeit

unterworfen, bewegen, ist einfach eine einfache Ableitung (wie in der Mathematik, siehe Kurvendiskussion) eines höherwertigen Raumes, in welchem alles gleichzeitig existiert und Entfernungen irrelevant sind. Aufgrund dieses Wissens, dieser Gewißheit, die nicht aus Büchern, sondern nur durch eigenes Praktizieren erworben werden können, ergibt sich ein freudig belustigender Blick auf unsere Alltagswelt. Sicher muß man als Schamane Geld verdienen, um sich Brot zu kaufen und zig andere Dinge tun, aber das ist nur Mittel zu Zweck, um in dem untergeordneten 4D-Raum zu existieren. Eigentlich sind die Dinge unwichtig, sekundär.

Ich weiß nicht, ob Du Dir schon mal Fragen gestellt hast wie: „Warum bin ich eigentlich auf der Welt und wie ist die Welt beschaffen?" Das Schamanisieren brachte mir die fehlenden Antworten. Außerdem gibt es eine ganze Menge Praktiken, die einem den Alltag erleichtern, die die Heilung anderer und einem selbst unterstützen und mir irgendwie ein wesentlich positiveren Blick auf das Leben gaben. In Bezug auf Selbstheilung rede ich von einer mittelgradigen Depression, die ihre Anlagen wohl bereits in frühester Jugend hat und eine Polycythemia Vera, eine Vorstufe zu Blutkrebs, von dem einige meiner Onkologen meinten, sie würde mich in wenigen Jahren unter die Erde bringen. Wir werden sehen!

Schamanen sind eigenständig handelnde Menschen. Sie verändern die Welt, indem sie aktiv beschließen, etwas zu tun und es dann auch tun. Eine der Hauptbeschäftigungen ist oft die physische, psychische und spirituelle

Heilung. Dabei kann das Objekt der Heilung ein anderer Mensch, ein Tier, ein Geistwesen oder ein anderer Teil der Welt, auch Steine, sein und natürlich der Schamane selbst. Um seine Fähigkeiten voll auszubilden und nutzen zu können, muß der Schamane ein hohes Maß an Achtsamkeit, innerer Ausgeglichenheit und während der praktischen Arbeit Egolosigkeit erreichen. Dämonen in Keller stören da sehr. So, wie jeden von uns sein Trauma irgendwann durch Triggerimpulse wieder einholen kann. Da der Schamane aber mit potentiell gefährlichen Kräften interagiert, kann ein solches Problem ihn in eine Psychose oder den Wahnsinn treiben oder gar sein Leben gefährden.

Wie konnte er (der Schamane im Allgemeinen) seinen Keller aufräumen? Er selbst würde wohl antworten: Mit der schwersten und stinkensten Leiche zuerst. Der effektivste und schnellste Weg ist der direkte, dort hindurch, wo es am meisten weh tut und am unangenehmsten ist. Wir Menschen sind in der Regel Meister im Umgehen und Vermeiden von Schwierigkeiten oder unangenehmen Dingen, und dann wundern wir uns, warum wir später über den ganzen, unter den Teppich gekehrten Dreck fallen. Der direkte Weg führt genauso zum Ziel wie alle anderen, man ist nur schneller dort. Wenn Du das eine Weile mit unterschiedlichen Themen geübt hast, wirst Du die Effizienz erkennen und die Angst vor dem Konfron-tationsschmerz nicht mehr als unüberwindbar ansehen. Dann bist Du schon auf dem richtigen Weg und bald ist Dein „Keller" sauber und läßt Dich in Ruhe.

Dr. Constanze Czech – die freundliche Psychotante ;)

Am Ende dieses, doch recht lang geratenen Kapitels möchte ich noch einmal kurz auf das „Sichgehenlassen" zu sprechen kommen. Erinnerst Du Dich an die Einleitung, in der ich schrieb, daß Du auch ein Modell mit erheblichen Instandhaltungsaufwand gewählt hast? Anfangs wird Dir das tägliche Schminken schwer fallen und vermutlich wirst Du es auch etwas übertreiben, aber das gibt sich mit der Zeit. Zur Routine geworden, bekommst Du nach 6-12 Monaten ein dezentes und doch gutes Tagesmakeup in 5-10 Minuten hin und mußt kaum darüber nachdenken. Du hast es automatisiert wie das Schuheanziehen. Wir sind nicht nur abends im schummerig beleuchteten Klub Frauen, wir sind es den ganzen Tag, auch im gleißenden Sonnenlicht auf der Straße. Ich empfehle Dir dringend, Dir täglich die Zeit zu nehmen, Dich schön zu kleiden, zu schminken und zu frisieren. Sieh es als Wertschätzung an Dir selbst! Du erreichst mit wenig Aufwand, gerade, wenn Du überwiegend gute Kleidung besitzt, einen glänzenden Auftritt und fühlst Dich den ganzen Tag schön und wohl. Ab und an begegne ich anderen Frauen, die genauso gut oder besser gestylt sind als ich und nehme das anerkennend und erfreut zur Kenntnis. Viel weniger schön würde es sich anfühlen, wenn man denkt: „Hmm. Scheiße! Ich hätte das auch locker gekonnt und wäre genau in diesem Moment auch so strahlend wie sie, war aber zu träge, mich zurechtzumachen." Chance vertan! Hierzu passend ein Zitat des Fotografen Ali Mahdavi: „Es gibt keine häßlichen Frauen, sondern nur faule."

Geist siegt über Materie

Diesen Spruch nehme ich immer wenn ich mich mittels Willensstärke zu etwas bringe, was ich oder anwesende Personen als unmöglich ansahen. Konditionieren und Angriff! Es ist erstaunlich, welche Reserven der Mensch in sich birgt.

Nur Dein eigener Wille kann Dich zum Erfolg führen oder davon abhalten. Tue, was Du willst! Ehrlich. Wenn Du etwas willst, laß es Dir bloß nicht von anderen ausreden. Die sind nicht Du und fühlen in sich nicht den Drang, genau diese Sache zu tun. Stellst Du später fest, daß die Sportart Dir nicht liegt, kannst Du ja immer noch aufhören und andere Dinge tun. Aber hättest Du es nie probiert, würde es Dir ewig im Kopf rumkullern. Das war auch bei mir der Grund für die Entscheidung, einen vierten Oldtimer zu kaufen. Das Thema ging mir einfach zwei Jahre (eigentlich zwanzig) nicht aus dem Kopf und schob sich immer wieder prägnant in den Vordergrund. Wenn man dann mal probegesessen und immer noch nicht genug hat, sollte man es vielleicht einfach machen. Was soll ich sagen? Das Teil macht Freude und wenn es nicht zu Dreck zerfällt, wird es auch nicht mehr im Preis sinken, also eine Langzeitkapitalanlage mit Unterhaltungswert.

Kürzlich las ich das Buch „Igikai" von Hector Garcia und Francesc Miralles. Igikai bezeichnet ein bzw. das persönliche Ziel im Leben eines Menschen, welches er sucht und dem er sich, da er es will oder weil er merkt, daß es ihm liegt, verschreibt. Die Autoren stellten anhand der Bewohner Okinawas fest, daß viele über hundert

Jahre alte Bewohner ein sehr klares Ziel im Leben verfolgten und das auch im hohen Alter, unabhängig von so etwas wie dem Beginn des Ruhestandes. Die Essenz ist, daß man idealerweise eine Sache findet, die einem liegt, die einem Freude bereitet, die der Gesellschaft Nutzen bringt und wofür man Anerkennung und vor Allem auch ausreichend Geld zum Leben bekommt.

Ich möchte nicht ausschließen, daß ich in zehn Jahren etwas völlig anderes mache, aber im Moment könnte ich sagen: ertappt! Ich bin mein Leben lang recht gut im Analysieren von Dingen und ihrer Reparatur gewesen und verbessere diese Fähigkeit jeden Tag. Sie erfüllt mich und macht echt die Leute glücklich. Außerdem freut es meine Schamanenseele, daß die „kranken" Dinge wieder geheilt oder transformiert werden konnten und so wieder aktiv am Lauf der Dinge teilnehmen können. Meine Zeit im BDSM ist sicherlich endlich, aber auch dort habe ich ein ziemliches Level erreicht, welches ich im Moment noch aktiv ausbaue. Die Rolle der bewunderten Herrscherin paßt wie angegossen und dürfte das alte Trauma aus meiner Jugendzeit heilen, als weder ich mich mochte, noch sonst jemand, ausgenommen meine Familie. Insofern eine Art Selbsttherapie mit Nutzen für (eine Untergruppe der) Gesellschaft und dem zentralen Aspekt des Strebens nach Perfektion um der Sache willen und der Faszination an ihr. Ich will das Toplevel erreichen ungeachtet des Defizits, daß ich eine Transfrau bin.

Grenzen überschreiten

Im BDSM gibt es Grenzen und Tabus. Bevor ich mit einer Person in eine Session gehe, hat sie einen Fragebogen auszufüllen, worauf sie ihre Vorlieben, Dinge, die sie gar nicht mag, gesundheitliche Probleme, ihr Safeword, sowie Grenzen und Tabus erklärt. Tabus sind fest und werden nur von Arschlöchern übergangen, was zu schweren psychischen Schäden führen kann. Grenzen stellt sich die Person selbst. Sie sind nicht so statisch und es obliegt den Fähigkeiten der Herrin, den schmalen Grad zwischen „Du bist über Deine Grenze gegangen, aber es fühlt sich für Dich noch gut an." und „Das will ich nicht mehr. Das Spiel soll umgehend enden." zu finden. In dem Auswertungsgespräch, welches jeder Session folgt und den Mitspieler wieder in die Wirklichkeit holt, werden solche Situationen besprochen und oft, über mehrere Sessions hinweg, verschieben sich die eigenen Grenzen und man mag und traut sich Dinge, die anfangs außerhalb der eigenen Möglichkeiten lagen. Laß Dich also nie entmutigen und wachse an Deinen selbstgesteckten Aufgaben! Solange Du Du selbst bleibst und es sich gut anfühlt, bist Du auf dem richtigen Weg. Übrigens: Widerstände machen den Erfolg nur noch süßer. Hört man Sätze wie: „Das schaffst Du niemals." oder „Das ist unmöglich." Nimm es als Herausforderung! Mir ist das schon oft passiert und ich liebe es, das Ergebnis mit einem Lächeln auf den Lippen zu präsentieren, meist mit der aufrichtigen Feststellung, daß es einfacher als gedacht war und ich den Skeptikern von Herzen für den Ansporn danke.

Die Ambivalenz des Neides

Was ist eigentlich Neid? Worauf bin ich neidisch? Was führt zu Neid und wozu kann ich diese starke Energie nutzen?

Neid ist ein Super Plus Kraftstoff. Die Kunst besteht darin, ihn in das richtige Loch zu tanken, sprich, nicht den Kanister ins Zimmer zu kippen und die Bude abzufackeln (im Idealfall vielleicht noch die der beneideten Person), sondern sie in den Tank Deines Supersportwagens zu gießen und damit an den Ort Deiner Träume zu fahren und Deinem „Gegner" oder „Feind" oder wie auch immer Du die durch Dich beneidete Person gerade nennen magst, eine bunte Karte zu schicken. Ins falsche Loch gekippt wirst Du frustriert, fokussiert auf Deine Unzulänglichkeiten (ob nun real oder eingebildet) und bildest eine giftige Mißgunst gegenüber der beneideten Person aus. Energetisch betrachtet fällt aber Ausgestrahltes dreifach auf einen selbst zurück, so daß Du damit rechnen mußt, über kurz oder lang an Verspannungen, Migräne, Magenschmerzen oder beliebigen sonstigen Symptomen zu leiden.

Richtig betankt ist Neid Quell heißer Inspiration (ich will so sein wie sie!) Du gönnst der anderen Frau ihren atemberaubenden Auftritt, völlig ohne Groll aber nimmst sie bzw. Einzelaspekte ihres Seins als Ziel für Deine eigene Entwicklung. (Siehe Imaginationstechnik) Wenn die erste Gefühlsspitze überwunden ist, bewundere sie ruhig und ehrlich! Analysiere sie, wie sie spricht, sich bewegt, ihren Schmuck, die Raffinesse ihrer Garderobe. Nimm dir Inspirationen mit nach Hause und schau ganz in Ruhe, was davon in Deinen Lebensentwurf paßt, was

Dir auch stehen könnte und Stück für Stück findest Du auch ähnliche Kleidung, wenn Du willst. Ich habe das Problem, daß ich mich oft in Filmoutfits verliebe und dann lese, daß der Kostümdesigner keine Kosten gescheut hat und in monatelanger Arbeit die teuersten Materialien dieses Planeten zu der angebeteten Robe verarbeitet hat. Menno! Aber man könnte auch sagen: Ich habe einen überdurchschnittlichen Geschmack. ;)

Von Schamanen, Hackern und Dominas

Die Kapitelüberschrift irritiert? Wieso denn? Alle drei sind Menschen, die sich durch eigenverantwortliches Handeln definieren und nicht einer fremden Strömung folgen und Glauben schenken oder warten, daß sich etwas ändert. Eigenverantwortlich. Du bist für Dich selbst verantwortlich. Das heißt aber auch, alle Optionen stehen Dir offen. Nutze sie!

Hacker sein bezieht sich nicht allein auf Programmier-fähigkeiten oder den kreativen, unkonventionellen Umgang mit Computern. Hacken ist eine grundlegende Einstellung im Leben. Man hackt nicht nur Computer-systeme, man hackt sich eigentlich durch sein ganzes Leben. Kein passendes Werkzeug zur Hand? Egal! Es findet sich eine Alternative, mit der man das Problem lösen kann. Und weiter geht's. (Löffel sind im Zweifels-fall halt auch Schraubenzieher.) Dein Traumjob ist nicht erreichbar? Was sind alternative Wegoptionen? Denn das Ziel steht nicht zur Diskussion. Oder es findet sich auf dem Weg etwas noch spannenderes. Hacker, genau wie

Dominas und Schamanen lassen sich nicht die Butter vom Brot nehmen, sondern wollen sich die Kontrolle über ihr Leben erhalten.

Aber es gibt einen Unterschied zwischen der Arbeit der Domse und dem Schamanen. Daher brauche ich auch immer in beide Richtungen 1-2 Tage Zeit zum „Umschalten". Die Domina arbeitet die ganze Zeit in einem Bild, einem Klischee, welches in geeigneter Weise das Spiel unterstützt oder das dominant/devot-Gefälle optisch nachzeichnet. Sie ist für die entsprechende Session die perfekte Frau, was sie mit Outfit und Verhalten, gleich einer Koreografie untermalt. Eigentlich ist sie gar nicht hartherzig und böse, aber in einer konkreten Situation spielt sie es, dort, wo erforderlich und es fällt auf dankbaren Boden. Der Schamane ist das Gegenteil. Er kann auch nackt arbeiten. Aussehen und Schein sind völlig zweitrangig. Das, was wirklich zählt ist die Ernsthaftigkeit seines Tuns. Hier kann ich nicht vorgeben, etwas zu sein, was ich nicht bin, da es mir sofort um die Ohren fliegt. Ich kann nur das, was ich bin, anpassen und lernen. Nach einer schamanischen Sitzung kann ich zum Beispiel oft ein bis zwei Tage nicht die kleinste Lüge formulieren, noch nicht einmal ironisch. Alles, was ich sage, entspricht vollständig meiner Meinung und meinem Gefühl. Regelmäßig sind Menschen überrascht, wenn ich nicht wie sie es erwartet haben, antworte, sondern tiefsinnig und ehrlich. (Der Autismus tut sein Übriges.)

Man ist durchdrungen von Tiefsinnigkeit und regelrecht mathematischer Klarheit. Ein Grund dafür, warum eine schmeichlerische Antwort sofort als Verbiegen wahrgenommen und abgelehnt wird.

Alle drei Stände stehen quasi im rechten Winkel auf der Realität. Der Schamane, weil er mehr sieht als die meisten Menschen und daher, in ihren Augen seltsame Entscheidungen trifft und über vieles wie ein Verrückter lacht, der Hacker, da er sich per se außerhalb der Regeln stellt und der Welt nach seinen Fähigkeiten seine Regeln aufzwingt und die Domina, da sie sich völlig außerhalb gesellschaftlich vereinbarter sexueller Normen bewegt, ein Fakt, der sie extrem frei, stark und spannend macht. Aber grundsätzlich nutzen alle drei Schwachstellen und Grenzbereiche gesellschaftlicher Konventionen aus. Alle drei sind ja nicht als das, was sie jetzt tun bzw. sind, geboren worden. Sicherlich sind geeignete Anlagen hilfreich, aber sie sind diese Menschen, die sie heute sind, ihrem Willen nach geworden. Und wenn die das können, kann das jemand anderes auch. Hier sehen wir wieder den oben erwähnten Selbstermächtigungsaspekt.

Hack Dein Leben! Wenn es hilft und Du die Werkzeuge beherrscht, nur zu! Und mach es vollkommen bewußt. Probiere nicht, tu es! Nur so erzielt man eine nachhaltige Wirkung. Leider bleiben viele Menschen beim Probieren stehen und flüchten aus Angst immer wieder zurück und wundern sich gleichzeitig, warum sie nicht vorankommen.

Angst vor Allem

Laß uns mal über Ängste reden! Angst ist etwas ähnlich abstraktes wie Schmerz. Vor was hast Du wirklich Angst? Denk mal an den Anfang des Buches zurück, als ich über das stille Zwiegespräch mit meinem Spiegelbild sprach! Magst Du Spiegel oder hältst Du Dich noch von ihnen fern, huscht schnell vorbei, da Dir noch nicht gefällt, wer Dich daraus anlächelt? Ist das die Angst, nicht schön zu sein? Die Angst vor Ablehnung, wenn Du so unter Leute gehst oder vielleicht die, gar nicht seltene, Angst vor dem altersbedingten Verfall? Gar Angst vor Courage oder Größe?

Ich habe, so denke ich, jede davon schon gespürt. Einige, wie die Angst, nicht schön zu sein, regelrecht gehypt. Es verging kaum ein Tag, an dem ich mich schön fühlen wollte und der blöde Spiegel hat mich entmutigt. Selbst Jahre nach meinem Outing, als ich längst schon im täglichen Leben als Frau lebte, gab es Abende, an denen ich mich für die Disco fertiggemacht habe und im letzten Moment den Kampf gegen den Spiegel verlor und zu Hause blieb. Kannst Du Dir das vorstellen? Ich bin selbst etwas erstaunt darüber, da ich es jetzt niederschreibe, aber genau so war es.

Warum klappt es denn heute bei mir? (quasi vom Anfang des Problems an das Ende gesprungen) Erstens: Training. Langes, hartes Training. Im Sinne von: Ich mag mich irgendwie nicht und selbst im hübschesten Outfit runzle ich die Stirn und finde Makel an mir. (blöde Perfektionskatze!) Dennoch losgehen! Wenn man dann für sein Aussehen Komplimente bekommt, fühlt sich das an, als träfe einen eine Sternschnuppe. Das Nächste ist: Konfrontation. Das ist sicherlich nur einer von vielen Wegen, aber ein recht klarer. Wenn Du im Urlaub nur schicke Sachen mitgenommen hast und nicht zu Jeans und T-Shirt zurückfallen kannst, bleibt nur der Weg nach vorn oder ein Noteinkaufsbummel, der sich aber vermutlich wie Selbstbetrug anfühlt.

Läßt Du jeden Abend das Dinner sausen, weil Dich der Mut am Nachmittag verläßt oder sagst Du Dir: egal, gestern trug ich das blaue Kleid, heute dann eben das rote. Makeup, Frisur kriege ich hin, da muß ich nicht mehr groß nachdenken und los geht's! Mit der Zeit wirst Du in dem Outfit locker. Es sind doch Deine Sachen, die Du mit Bedacht und einem Hüpfer im Herzen gekauft hast. Am Anfang können Dir die Anderen alle egal sein. Bist Du aufgetaut, fängst Du an dem Abend vielleicht noch an, zu flirten, da Du mit Sicherheit weißt, daß Du super aussiehst.

Alle diese Sachen habe ich übrigens genau so ausprobiert, wo es nötig war. Ich gebe hier keine Theorie wieder. Der letztgenannte Fall liegt gar nicht so weit zurück. 5-Sternehotel an der türkischen Riviera, tags wie nachts beleuchtet wie ein Filmset, also gleißend hell, laut hallende Marmorböden und eine nicht geringe Menge, heftig gestylter, junger Russinnen als Konkurrenz oder Maßstab, wenn man so sagen mag. Der Urlaub ging 2 Wochen, man konnte, obwohl bereits im November, noch im Meer oder einem der acht Hotelpools baden. Das war Konfrontation pur und nach dem dritten Tag mit dreimal Makeup am Tag korrigieren bzw. komplett neu machen habe ich mich etwas verflucht für die Vorlage, die ich beim Betreten des Hotel trotz dreieinhalbstündigem Flug geliefert hatte. Danach wollte ich definitiv nicht das Niveau herunterfahren. Also den ganzen Tag Highheels und abends entsprechende Garderobe. Mein Koffer war bis auf das letzte Gramm vollgepackt und so konnte ich jeden Abend zusätzlich zum Tagesoutfit ein hübsches (durchaus auffälliges) Kleid tragen. (Gott sei

43

Dank sind Seidenkleider quasi volumen- und gewichtslos
☺)

Das nächste Kunststück bestand darin, vorm Frühstück, wo es den ersten Kaffee gab, sich ordentlich zu schminken. Das mache ich zuhause üblicherweise nach dem Frühstück. Es ist erstaunlich, welchen Einfluß so ein Löffel Koffein im Blut auf die Positioniergenauigkeit der Finger hat! Eine hübsche Auswahl an Badeanzügen hatte ich auch mit, damit etwas Abwechslung entsteht und man an kühleren Morgen bei 15°C nicht unbedingt mit feuchter Unterwäsche gen Strand laufen muß.

Das Resümee des Urlaubs: So viel Styling und so ein hohes Maß an Perfektion bezüglich Körperbehaarung und Makeup ist stressig, aber durchaus machbar und es hagelte wieder von allen Seiten positives Feedback.

Dieses Training zur Selbstliebe, zu der ich gleich komme, waren meine Werkzeuge, die Herausforderung, eine souveräne und glückliche Frau zu werden, zu meistern.

Eine mögliche Kehrseite ist, die Dinge einfach geschehen zu lassen und sich mit möglichst wenig Aufwand zu bewegen. Geht sicherlich aber ist das das, was Du als Ziel vor Augen hast? Wer die Welt zum Kotzen findet, wird alsbald auch von ihr angekotzt sein. Hää? Was ich Dir damit sagen will ist: ein aufgeräumtes Ich eröffnet Dir den Weg zu gesunder Selbstliebe. Dazu, Dich so, wie Du bist, mit allen Facetten, zu akzeptieren und zu lieben. Die daraus erwachsende Kraft beschert Dir dann eine gerade, überzeugende Haltung (nach innen wie nach außen). Und wenn Du von dieser stabilen Position, in der Du genau weißt, wer Du bist und wie wertvoll und gut

Du bist, in die Welt schaust, dann schaut die Welt in 90% der Fälle erfreut zurück und freut sich für Dich und mit Dir.

Ich kenne ein paar Transfrauen, die es leider noch nicht geschafft haben, ihre „Altlasten" aufzuarbeiten und genau die haben immer wieder im Außen Probleme, werden diskriminiert, schikaniert und klagen ständig über die Schlechtigkeit der Welt. Man kann das überwinden. Das verspreche ich dir! Ich hab es doch auch geschafft und ich bin nicht besser als andere.

Ein schöner Seiteneffekt eines solcherlei starken Selbst ist, daß man als leuchtend, energieerfüllt wahrgenommen wird. Und dies unabhängig von Frisur, Schmuck oder vorhandener Kleidung. Das funktioniert völlig nackt und unabhängig von erfolgter GaOp. Ich habe früher mal die Feststellung bei einer Mitarbeiterin von mir in Hanoi getroffen, daß sie so schön ist, daß ihr auch ein Sack stehen würde. Das ist vielleicht wieder so ein schräges Autistenkompliment aber ich meinte das ernst. Mittlerweile kann ich das auch. Neulich bekam ich beim Abschließen des Garagenhofes ein Kompliment von einem vorbeilaufenden Nachbarn. Ich hatte eine blaue Schlosserkombi an und ölig-schwarze Hände und der fand mich schön. Wenn man dann gewaschen, geschminkt und frisiert ist und in einem hübschen Kleid mit filigranen Sandalen steckt, das sind alles Zusatzpunkte. Aber die Basis sind wir selbst.

Meine Frau (Cis-Frau) war ein paar Mal zu Ausflügen mit der Trans/Inter-Gruppe mit unterwegs und beobachtete die (überwiegend) Transfrauen und kommentierte „Ihr leuchtet. Wißt ihr das eigentlich?"

Ich bin jeden Tag dem Universum sehr dankbar für diese magische Transformation, die mit mir geschah. Nicht grundlos ist der Phönix, genauer gesagt, der chinesische Feng Huang eines meiner wichtigsten Krafttiere. Als ich mit der Gruppe der anderen weltwärts Freiwilligen im Dezember 2009 von Hanoi My Dinh nach Hanoi Vinh Phuc 1 in ein neues Haus zog, scharrten sich zügig die Nachbarn um die seltsamen Neuen. Es gab Reisschnaps aus kleinen Gläsern und wir tranken auf das Glück. Unser Nachbar vis-a-vis, ein ca. 50-jähriger Mann fragte mich auf vietnamesich, da er keine Fremdsprache sprach, wie ich hieße. Ich antwortete Conni (Con-Ni). Er guckte mich skeptisch an, schüttelte den Kopf, legte mir eine Hand auf die Schulter und sagte schlicht: "Du heißt Phuong!". (Con ten la Phuong.) Ich dachte mir: Toll. Dann bin ich die fünfte Phuong. Vier kannte ich schon. Der Name war beliebt und bedeutet Phönix. (Im Vietnamesischen ist die Übersetzung des Namens des magischen Vogels Phuong Huang.) Inzwischen wundert es mich nicht. Der überwiegende Teil der Vietnamesen ist nach wie vor sehr spirituell und ich vermute, er hat mich einfach „gesehen", so, wie es die Schamanen sagen.

Aber zurück zu Angst an sich. Das erste Mal in meinem Leben, daß ich wissentlich überhaupt keine Angst verspürte, war im Sommer 2019. Es war ein neues, interessantes Gefühl und hielt einen Moment an. Ich erinnere mich noch genau daran, wie besonders und ungewöhnlich mir mein Zustand in diesem Moment vorkam. Durch schamanische Reisen, die traditionell stark an die Substanz gehen aber wie ich sagen würde, sehr effektiv aufräumen, konnte ich diesen Zustand manifestieren, daher in meinem Alltag als feste Säule integrieren. Die letzte Phase, in der ich keine grundsätzliche Angst mehr verspürte, dauerte reichlich anderthalb Monate. Allenthalben gibt es oberflächliche Sorgen unterschiedlicher Relevanz. Damit meine ich Dinge wie: „wenn ich hier so angezogen sitzenbleibe, erfriere ich" oder „die Inflation wertet unser Geld schneller ab, als man es verdienen kann". Diese „Glaubenssätze" sind schon krassere Beispiele. Alltäglich wäre vielleicht: „Es ist glatt. Ich geh mal etwas sachter mit dem Gas um." Aber alles sind grundsätzlich lösbare, überschaubare Probleme und keine globalen Katastrophen, die mich als Wesen bedrohen.

Ich neige schon immer zum Grübeln, aber in letzter Zeit sind das halt keine Gedankenspiralen, die sich an Problemen festbeißen, als eher kreative Ideen und strategische Planungen bezüglich Aktivitäten, die zu machen sind oder mit denen man sich beschäftigen möchte. Das ganze komische, „niedrigschwingende" und düstere Zeug ist einfach weg. Es liegt in Kisten verpackt auf der Laderampe meines Gehirns und der Wind streicht drum herum. Ich könnte hingehen und in einer der Kisten kramen, aber ich muß nicht. Man glaubt gar nicht, wie viel Rechenleistung dadurch frei wird und wie leicht man im Geiste plötzlich ist. Aus diesem Grund widme ich diesem Thema, man könnte es „mentales Aufräumen" oder „positive Fokussierung" nennen, regelmäßig etwas Zeit während ich schamanisiere, zumindest, wenn die Sitzung es inhaltlich zuläßt. Mitunter passieren doch andere Dinge, als man erwartet und man „schafft" nicht alles, was man mitgenommen hat.

Stop!

Bisher habe ich drei Bekannte durch Suizid verloren. Als letzte meine Freundin Ella, die am 14.09.2021 auf dem Berliner Alexanderplatz ihrem verzweifelten Leben durch öffentliche Selbstverbrennung ein Ende setzte. Ich hatte sie einige Male getroffen, als sie noch in Magdeburg lebte und längere Zeit nicht mehr gesehen. Offensichtlich konnte sie die permanente gesellschaftliche und behördliche transfeindliche Diskriminierung in ihrem guten Herzen nicht mehr ertragen. Ich hätte mir gewünscht, sie hätte sich bei mir gemeldet und ich hätte ihr Kraft und Mut für ein erfülltes und langes Leben geben können.

Wenn Du auf Deinem Weg an den Punkt kommst, wo Du keinen Ausweg mehr siehst, folge bitte nicht den Verzweifelten. Im absoluten Notfall wähle die 112 und sage: Ich habe einen psychologischen Notfall und bin gefährdet. Man wird Dich eine Weile in eine Psychatrie einweisen, was mitunter echt nicht cool ist aber da bist Du vor Dir selbst sicher. Besser ist, vorausgesetzt, Du hast dazu noch genug Energie, Du rufst einen guten Freund an. Gern kannst Du **MICH (0170-7203929)** anrufen. Von mir aus auch nachts.

Ich bin es absolut leid, daß Menschen vor Verzweiflung in den Tod fliehen. Ich bin keine Psychoterapeutin und nicht die Seelsorge aber wenn Dir gar nichts mehr anderes einfällt tausche ich gern ein paar Stunden Schlaf gegen ein Leben, welches weitergeht, ein. Einige Menschen habe ich schon von der Brücke geholt. Erfreulicherweise leben sie immer noch, wenn auch der Kontakt bei einer leider abgebrochen ist.

Wenn Du zu Instabilität neigst, empfehle ich Dir, Dich vorzubereiten und einen Satz Notfallnummern gut sichtbar an Deinen Kühlschrank zu helfen. Im Notfall ist das Gehirn in Panik und findet gegebenenfalls die Informationen nicht rechtzeitig.

Love is all you need

Genau wie Albert Hoffmann und Christian Rätsch wurde mir bei meiner schamanischen Arbeit das universelle Prinzip bewußt „Alles ist Liebe", „Am Anfang von allem Sein steht bedingungslose Liebe". Davon leitet sich dann in weiteren Stufen Freude (Glück) und Dankbarkeit ab. Wenn Du Dir das kosmische Gefüge, die Summe an Regeln und Gesetzmäßigkeiten, die unsere Welt definieren, als Pyramide vorstellen magst, sind die gerade genannten Sätze die leuchtende Spitze.

Und wenn man in den Buddhismus guckt und Berichte über Philosophien natürlicher lebender Völker studiert, findet man sie überall wieder. Es ist fast zu offensichtlich, als daß man es glauben mag, aber wenn man es weiß, dann sieht man es überall in Klarschrift stehen. Woher kommt dieses Wissen? Auf einer Andersweltreise begegnet man Entitäten unterschiedlicher Art, die einem etwas offenbaren oder denen man Fragen stellen kann. Die Antwort kommt aber nicht als gesprochenes Wort oder Text, sondern als Gefühl, daß etwas richtig oder halt irgendwie geartet ist. Die Namen und Worte dazu entsprechen wieder einer niederwertigen bzw. darauffolgenden Ableitung des Gefühls. Wie eine

Übersetzung in unsere Sprache und damit einher gehende Vereinfachung vom kosmischen, höheren in unsere „normale" sprich 4D-Welt. Auf einer anderen Reise lernte ich, daß am Anfang des Lebens (nagelt mich nicht auf die Entwicklung irdischen Lebens von den Einzellern zum Säugetier fest!) das Gefühl und vermutlich eine Kommunikation vollständig über Gefühle existierte und sich sprachliche Kommunikation wesentlich später bildete, möglicherweise, da die Gefühlskommunikation irgendwann nicht mehr funktionierte oder verkümmerte. Und Sprache ist Logik. Die Kommunikation verlagerte sich vom Gefühl hin zur Logik.

Mir ist bewußt, daß ich mich als Diplomingenieur hier auf extrem laut knackendem Eis und im falschen Metier bewege, aber so habe ich diese Sachen erlebt. Von mir aus können wir auch sagen, ich habe sie genau so geträumt. Träume sind sowieso von vielen Menschen unseres Kulturkreises unterbewertet. Eine ebenso oft auftretende Wahrnehmung ist die der Ich-Auflösung. Jedoch nicht in dystopischer Weise, die einen in Panik versetzt, sondern auf sehr beglückende, angenehme und kollektiv-partizipative. Vielleicht hast Du schon einmal jemanden sagen hören: „Ich fühlte mich mit allem und dem gesamten Universum verbunden." Diese Aussage trifft den Sachverhalt ziemlich gut.

Viele Dinge, die Schamanen sehen, erleben oder tun ergeben für Außenstehende keinen oder nicht sofort einen Sinn. Wir werden nicht grundlos für verrückt gehalten. Aber das stört mich nicht. Erreiche ich mit meiner Arbeit eine Heilung, wie auch immer sie geartet ist, so bedeutet das gleichzeitig auch eine kleine Heilung an mir selbst. Analog zu einem kleinen Schaden an mir, würde ich negative Energie irgendwo einsetzen. Daher die ernstzunehmende Warnung an alle Menschen (nicht nur an die, die bewußt mit Energien arbeiten): Das, was Du aussendest, kriegst Du so zurück. Bei negativem durchaus potenziert. (Siehe Kapitel Neid). Viele „normale" Menschen machen täglich das gleiche. Sie projezieren Energien auf andere Menschen und Prozesse und wundern sich, was mit ihnen passiert. Nur hat der moderne Alltagsmensch die energetischen Zusammenhänge, die wohl in früheren Zeiten alle Menschen kannten (und was das Christentum bei uns in sein Regelwerk assimiliert hat), nicht mehr auf dem Schirm.

Auf einer schamanischen Reise ist man allein. Vielleicht hat man Helfer, die für Dich rasseln oder trommeln (es ist sehr schwer in dem Moment des Eintauchens in die Anderswelt den Takt zu halten und wenn das Trommeln abbricht, schleudert man zurück) aber in der Anderswelt bist Du allein. Egal, wie Du reist. Daher solltest Du im Geiste klar, stark und positiv gestimmt sein. Du bist für Dein und manchmal anderer Wesen Wohl selbst verantwortlich.

Wenn Du bis dahin Dich unhübsch und unzureichend und von niemandem „wahrhaft gesehen" und geliebt fühlst, ist es eine bemerkenswerte Erfahrung, ein solches Maß an umfangreicher Liebe in der schamanischen Welt zu erleben. Nach einer Reise, es war nicht eine der ersten, ist mir dies zuteil geworden und zu späteren Zeitpunkten mehrfach wieder. Ich fühlte mich von der (realen) Welt geliebt. Nach dieser Reise war ich plötzlich am Morgen mit meinem physischen Körper versöhnt. Ich war nicht hübscher als am Abend. Genaugenommen sah ich von der anstrengenden Reise ganz schön mitgenommen aus. Aber obwohl ich nach wie vor lauter Makel an mir sah, konnte ich mich annehmen, als ganzes Wesen. In diesem Moment war „der Fluch", den ich so lange verspürt hatte (Du hast den falschen Körper und nur der Tod ändert das und danach klappt es vielleicht im nächsten Leben!) war gebrochen. Ich stand nun hier, Mitte Dreißig, Transfrau mit Schweif, seltsames, seltenes Mischwesen, magisches Wesen, für die Welt mindestens so gut wie jedes andere Wesen. Eine tolle Basis.

Ich schämte mich keiner Stelle meines Körpers, fing an, mich zu bewegen und meine Glieder dabei zu beobachten. Erst im Raum stehend und dann vor dem Spiegel. Es fühlte sich an, als würde man ein neues Gerät oder so ausprobieren und gucken, wie es sich anfühlt und wie das einfallende Licht von den neuen Bauteilen reflektiert wird.

Ein spiritueller Mensch meinte dazu, als ich ihm die Situation beschrieb, daß auf der Reise ein teilweiser Seelentausch oder eine Rückführung stattgefunden haben könnte. Man muß ja nicht dran glauben aber mit einem neuen Gefühl von Ganzheit, von Heil-Sein, möchte ich nicht ausschließen, daß es „irgendsoetwas" war. Ich habe eh festgestellt, daß unterschiedliche spirituelle Menschen, vermutlich identische Dinge, ganz unterschiedlich und mitunter recht bildhaft beschreiben. Ich würde sagen, es passiert etwas mit den Energien, die uns als Wesen ausmachen – der „Geistenergie", nicht der biologisch-thermischen, die unseren Körper am Leben erhält. Nachtrag: Vielleicht kann man es auch Heilung meines Energiekörpers nennen.

Im weiteren Verlauf dieses Tages bin ich spazieren

gegangen. Ich weiß nicht, was ich angezogen hatte, definitiv ein weibliches Outfit mit hohen Stiefeln und keinesfalls ein androgynes, das weiß ich noch.

Obwohl ich keinerlei Makeup aufgelegt hatte, ruhte ich völlig in mir, während ich durch den Strom der Passanten schlenderte und ab und an vor einem Schaufenster stehen blieb. Ich fühlte mich irgendwie „natürlich schön". Sonst, also vorher, lief ich „bewußt" durch die Stadt, mit vollkommen berechneten aber nicht gefühlten Bewegungen und hochgespanntem Gehör. Jedes Wispern, jeder Wortfetzen wurde in Hochgeschwindigkeit im Gehirn verarbeitet. Reden sie über mich? Falle ich auf? Fallen abfällige Bemerkungen? Was ist der Grund, warum ich auffalle? Man steht unter Spannung, verkrampft sich, zieht den Kopf ein, ist unsicher und schwitzt. Quasi das Gefühl, mit einer Rundumleuchte auf dem Kopf durch die Stadt zu laufen.

Und ab diesem Tag: Ruhe, völlige Ruhe. Die inneren Geister besiegt. Ich lief in meinem eigenen Tempo, gleichgültig der Umgebung und der Passanten und liebte mich so. Und ich fiel scheinbar nicht auf oder es war egal. Das hielt so in seiner Reinform nicht lange an. Aber dadurch, daß ich mit einem Mal wußte, daß es geht, war es einfacher, mit Übung wieder in diesen Zustand zu kommen und irgendwann war er zu meinem Alltag geworden. Ich denke, der Zeitraum waren einige Monate. Danach war Ruhe. Allerdings hatte ich immer noch den manifesten, alten Glaubenssatz „alle erkennen, daß ich eine Transfrau bin!" im Kopf. Und das streßt schon ein wenig bzw. erzeugt virtuelle Mauern, die es immer wieder zu erklimmen oder einzureißen gilt. Vermutlich ist das der eigentliche Feind in der zuvor beschriebenen

Situation mit dem Spiegel vor dem Discobesuch gewesen. Wir stehen uns eine gewisse Zeit auf unserem Entwicklungsweg selbst auf den Füßen.

Innere Ruhe

Vor zweieinhalb Jahren passierten zwei bemerkenswerte Sachen, die den alten Glaubenssatz endgültig umprogrammierten. Jetzt lautet er ungefähr so: „Ich bin eine Transfrau und wenn es doch mal auffällt, ist das auch ok und ich lächle sie aus meiner seeligen Sicherheit an!" Was hat sich zugetragen?

Die erste Sache war eine Klavierreparatur bei einer Kundin in Staßfurt oder Schönebeck, keine Ahnung. Jedenfalls am Sonntagvormittag (ja ja. Selbst und ständig!) Ich hatte keinen Bock, mich zu stylen, kein Makeup, vermutlich nicht mal rasiert. (Da lief die Nadelepilation (die ich mit einem professionellen Gerät (Skinline PH1) selber mache) schon ein bis anderthalb Jahre), Jeans, irgendein Oberteil, Stiefel, Werkzeugkoffer, Haare wild hochgeklammert und einfach ins Auto gesetzt. Bei der Kundin war ich schon ein paar Minuten beschäftigt und zerlegte gerade das, im Schlafzimmer aufgestellte, Piano, als die ca. 3-4 jährige Tochter der Kundin um die Ecke schaute und meinte: „Mama. Was macht die Frau da mit dem Klavier?" Oha! Total undercover und trotzdem von einem Kind, welches noch nicht gesellschaftlichen Konventionen in seinen Fragen unterworfen ist, als Frau gelesen. Breites Grinsen!

Die zweite Situation ereignete sich im gleichen Jahr im

Sommerurlaub mit Wohnmobil. Da der historische Bus sehr langsam ist, braucht man bis zur Ostsee ein paar Tage und hält mal hier und mal dort, vorzugsweise an Badeseen. Eines Tages führte uns diese Reise nach Neuhardenberg in Brandenburg, früher Marxwalde, und dort ins Freibad. Das sah genauso aus, wie man sich ein Freibad vorstellt: Liegewiese voller Leute, Steg, schmaler Sandstreifen, Würstchenbude, ein Albtraum für jede (noch unsichere) Transfrau. Wir breiteten unsere Decke aus (zwei Jungs und ich), zogen uns aus und gingen schwimmen. Beim Herauskommen kommt dann immer der Moment wo alle Blicke auf mich gehen und das Getuschel einsetzt. Und was war hier plötzlich los? Einige Leute guckten kurz auf (aha. Nur eine Frau in Badeanzug, die aus dem Wasser kommt) und nahmen dann wieder ihr Gespräch oder sonstige Tätigkeit auf. Ich war unsichtbar geworden!

Nach dem ersten Schock und etwas Verarbeitungszeit war ich zwar erfreut und erleichtert aber irgendwie auch leicht enttäuscht, da ich auch gern mit meiner Sichtbarkeit spiele und es mittlerweile genieße, wenn alle Augen im Saal an mir kleben, wenn ich in den Raum trete. Quasi das Gegenteil zu früher. Früher ist man mit weichen Knien in den Raum getreten und hätte aufgrund der Blicke am liebsten gleich wieder rumgedreht und nun ist der Phönix der Asche entstie-gen und Du zählst die Münder, die offenstehen mit einem dezenten Lächeln auf den Lippen.
Daß an so einem Abend diverse Leute auf die Wirkung des Outfits anspielen mit Sätzen wie „Sie leuchten hell wie ein Stern." oder „Sind Sie Modell oder Schauspiele-

rin?" fühlt sich sehr gut an und ist der Lohn für die harte Zeit davor. Wobei ich Komplimente von Frauen höher schätze als von den Männern. Zum Einen, da Jungs immer etwas hormongesteuert und putzig sind, zum Anderen, da manche Frau bei so einem Auftritt durchaus neidisch und eingeschnappt reagieren könnte. Solches Feedback habe ich, wenn auch sehr selten, auch schon gekriegt. Perfekter Konter: „Das würde Dir mindestens genauso gut stehen!"

Wenn man ein paar solcher Situationen erlebt hat, sowohl unsichtbar als Frau „unterzutauchen" als auch hell zu strahlen, wenn man es möchte, stellt sich die zuvor beschriebene innere Ruhe ein. Eine sehr tiefe Ruhe, die in alle Lebensbereiche hineinflutet und einen sanft und entspannt macht. Man ist dem Zweizentner-Nazi, der sich an der Kasse, stinkend vor Dich drängelt, nicht mehr böse. Man bedenkt ihn mit einem leicht mitleidigen, aber wissenden Blick. Er ist auch nur ein gefangener Geist (in nicht besonders dekorativer Hülle). Wenn man Lust verspürt, kann man ihm tief in die Augen schauen, lächeln und den Blickkontakt halten. Vielleicht checkt er es und man geht, leicht nickend, vor. Aber man muß auch nicht.

Aus Sicht des Schamanen würde ich sagen, ich bin unsichtbar und stark geworden, da mein Energiefeld, welches jeder Mensch um sich hat, sich hin zu komplett weiblich gewandelt hat. Zuvor haben alle anderen „gerochen", daß mein Energiefeld nicht zu meinem Aussehen paßte. Nun waren wir kongruent und damit unauffällig.

Kurz zurück zum Thema „Liebe". An diesem Punkt hatte

ich Selbstliebe, das Lieben von mir als Wesen, meines Körpers, meines Seins „gelernt". Das ist die Grundlage um ernsthaft, damit meine ich, mit vorbehaltloser, völliger Hingabe, andere Menschen lieben zu können. In meinem konkreten Fall fiel mir das nachträglich auf.

Ich bin pansexuell aber überwiegend lesbisch. Für Transfrauen ist es ziemlich schwer, eine Frau zu finden. Am Häufigsten sieht man, daß sich in so einem Fall ein Paar aus zwei Transfrauen bildet. Aber daß man eine Cis-Frau findet, die einen so liebt, wie man ist, ist extrem selten und wertvoll. In meinem Fall ist die Liebe zwischen meiner Frau und mir nahezu geschlechtsunabhängig. Sex findet halt überwiegend im Kopf statt. ;) Selbst bei penetrativen Praktiken ist irrelevant, wer der aktive Part ist. Alles ist Liebe. Und sie ist gesund für unsere Seelen. Je mehr man liebt, desto mehr wird man von unterschiedlicher Stelle aus zurückgeliebt. Deshalb ist es wichtig, zuvor richtig lieben zu lernen. Das schöne Gefühl wird immer mehr und verjagt die dunklen Wolken alter Zeiten, die sich so stark in unsere Seele festzuklammern versuchen. Ich kann es nur empfehlen und auf einigen Festivals (v.A. Goa/Psytrance) wird dieses Prinzip bereits praktiziert. Die Leute sind glücklich, daß sie gemeinsam zu guter Musik tanzen können und umarmen sich gegenseitig, wenn ihnen danach ist. Wenn man im Alltag einer Verkäuferin im Kik oder Bekannten, die man trifft, ein Kompliment macht, wird es häufig abgewehrt, relativiert oder die Leute sind völlig verwirrt. Auf einem Festival sind die Leute entspannt, gut aufgelegt und offen. Wer Umarmungen braucht, sollte in den Wald tanzen gehen! (Nehmt Ohrstöpsel mit! Es ist meist die ganze Nacht hindurch sehr laut.)

Wenn man diese Lebensweise eine Weile gelebt hat, kann man ohne Wimpernzucken, ohne, daß der Herzschlag hochgeht, Dinge machen, die viele Leute sich nicht trauen, denn der ganze Ballast, die ganzen Selbstzweifel, die bisher einen Großteil Deiner „Rechenleistung" okkupiert haben, ist nun weg und Du hast mentale Ressourcen in nie geahntem Umfang zur freien Verfügung. In Zusammenhang mit basalen Selbstverteidigungsfähigkeiten, einem eigenen, eleganten Kleidungsstil und Deinem Charme bist Du fast unbesiegbar und gehst kühl und ruhig in eine Konfrontation mit betrunkenen Discobesuchern, einem pampigen Verkäufer, der mehr an Deinem Auto reparieren will, als kaputt ist oder ein Gespräch mit Deinem Chef. Denk mal an meine Zeilen im Kapitel „Angst". Alles überschaubare Probleme und Du hast die besseren Karten und siehst vermutlich besser als die anderen aus. Da siehst Du sie, die selbstbewußte, glückliche und erfolgreiche Lady.

Die Grenzen der Macht

Bei Grenzen, die Dir von außen präsentiert werden, vor allem, wenn Du noch nicht an Deinem konkreten Ziel bist, würde ich meiner Natur nach zum Angriff raten. Aber es zeigte sich auch, daß man so an der Spitze der Nahrungskette etwas einsam ist, ab und zu.

Wenn ich in meinem „Raubkatzenmodus" bin, sehe ich mir die Menschen an, die mir begegnen. Die einen schlagen die Augen nieder oder schauen zu mir herauf – davon gibt es recht viele und oft sind sie nicht so spannend. Der großen Gruppe der anderen Menschen begegne ich höflich und sie sind je nach Naturell umgänglich und spannend und mal nicht. Und dann gibt es die, die dem Blick standhalten. Vor Allem bei Männern wird es dann interessant Denn diese sind höchstwahrscheinlich ähnlich selbstsicher wie ich oder sogar in stärkerem Maße. Auf alle Fälle verspricht es, ein interessanter Abend zu werden. Als im Alltag überwiegend starke Frau finde ich wenige Stellen, „mich fallen zu lassen" Ich genieße die liebevolle Zeit mit meiner Frau sehr aber das passiert ohne jegliches (BDSM) D/S-Gefälle, da sie gleichstark ist und erhaben gegenüber den kleinen Tricks, die ich verinnerlicht habe und unbewußt nutze, um mir den Weg zu glätten. Außerdem haben wir Respekt vor der potentiell gefährlichen Wirkung, die ein D/S-Spiel zwischen uns auf unsere Beziehung haben könnte.

In der oben geschilderten Konstellation gäbe es aber die potentielle Möglichkeit, daß ich mich einem Mann, einem echten Mann unterwerfe und fallen lasse. So ist bei Leuten, die mich in diversen Situationen abends an der Bar fragen, ob wir „mehr" miteinander machen wollen, öfter meine Antwort: Meinst Du, Du kannst mit mir umgehen? ☺ Ich schätze sehr den Mut, den sie aufbringen, eine Frau wie mich anzusprechen und breche das Gespräch keinesfalls ab. Aber oft sind interessierte Jungs bald ein Bißchen überfordert.

Ich hörte Singlefrauen sagen, daß die Kerle selbst bei

dedizierten Singlepartys den Arsch nicht hoch kriegen und auf die Damen zukommen oder erst, wenn sie vor Suff kaum noch stehen können. Geht man wiederum auf Männer zu, nehmen sie ab und an die Beine in die Hand. (Ok. Ich hatte eine Lichtpeitsche dabei und sah vielleicht doch zu gefährlich aus ;)).

Auch potentielle singuläre Spielereignisse innerhalb der Szene, bei denen ich als Sub spiele, haben sich nicht ergeben. Aber immerhin führten sie zu langen, interessanten Gesprächen.

Was mag die Erkenntnis aus alledem sein? Immerzu die Herrin, die Alleinherrscherin zu sein ist nicht nur langweilig, sondern auch anstrengend. Bitte nicht falsch verstehen! Ich herrsche gern und liebe es schon, wenn ich entsprechenden Menschen die Möglichkeit gebe, glücklich zu sein, indem sie mich bedienen, mich zum Essen ausführen oder meinen Fußboden, angetan mit einem Knebel und rosaner Satinunterwäsche, putzen.. Aber wie in allen Sachen im Leben resultiert Ausgeglichenheit und Stabilität aus einer gewissen Balance. Daher habe ich inzwischen „Schwäche" gelernt. Es steht einer Frau durchaus, sich ab und an helfen zu lassen. Auch, wenn sie in diesem Moment nicht die Herrin ist oder Gesten und Situation ein D/S-Gefälle anzeigen oder simulieren, macht sie damit auch den Jungs eine Freude, die Kavalier spielen und eine Kleinigkeit für sie erledigen können. Zum einen haben wir als Frauen die Lobby dafür, bedienen (in von uns definierten Grenzen bzw. „Räumen") das Bild der Frau, der der Mann ritterlich zu Hilfe eilen muß, wenn man etwas nicht selbst kann, auch, wenn man weiß, daß man es ohne Probleme gekonnt hätte. Sollte der Helfer zu aufdringlich und fordernd werden, schaltet man einfach wieder auf freundliche Dominanz um ;).

Vor Kurzem las ich dazu auch einen Artikel in einer Zeitschrift. Hier ging es um Frauen allgemein, keine Transfrauen. Es wurde argumentiert: Ein Teil ihrer Stärke, liegt in ihrer Schwäche (der Frau). Dabei muß man erkennen, daß Schwachsein weder ein Versagen noch ein Laster darstellt. Die moderne Frau, die auf Stärke und ein Leistungs- und Aufgabenniveau, dem Manne gleichauf, getrimmt wurde, muß lernen, um Hilfe zu bitten. Sie entspricht und äußert damit den Wunsch nach Fürsorge und Aufmerksamkeit, der auf der männlichen Seite, sollten die Jungs nicht völlig inert sein, auf fruchtbaren Boden fallen kann.

Sie kann beim Ablegen des Mantels (sollte der Mann eh nicht schon helfend hinter ihr stehen) in Richtung Kleiderbügel gehen, kurz davor aber innehalten und damit ihm signalisieren, daß er ihr nun helfen kann.

Die Frau soll den Unterschied zwischen Schwäche, welche würdevoll sein kann und Opfer mit geringem Selbstwertgefühl, lernen. Die Schwäche der Frau kann dem Mann Stärke geben. Eine durchaus heutzutage nicht mehr häufig auftretende Situation, wodurch sicherlich einige Männer auch in ihrer Rolle verunsichert sind, da sie sie gar nicht mehr so häufig ausleben können. Man könnte es die Rückkehr zur weiblichen Kraft nennen. Geben wir doch den Jungs ab und zu die Möglichkeit, sich schön männlich und gebraucht zu fühlen! (Und lassen sie unser Bier in den fünften Stock schleppen ;))

Wir leben heute im 21. Jahrhundert und in einer

modernen, fluiden Gesellschaft, was Geschlechterrollen und gesellschaftliche Regeln angeht. Natürlich bin ich eine Frau von heute mit den hart erkämpften Rechten und Möglichkeiten, von denen ich keine einzige abgeben möchte. Manchmal vermisse ich aber bei uns Frauen die strahlende Weiblichkeit, die z.B. in den 1950ern noch recht präsent war. Männer und Frauen sind unterschiedlich. Warum sollten sie sich dann in einer modernen Welt teilweise in Aussehen und Verhalten so stark angleichen?

Hierzu möchte ich anmerken, daß ich gern in älteren Benimm-Büchern schmökere und die alten Normen und Verhaltensweisen gern darauf hin abklopfe, was davon stilvoll und durchaus geeignet scheint, unseren Alltag für mich (und möglicherweise für andere Menschen) angenehmer (respektive stilvoller) zu gestalten. Dies kommt auch meinem „Vergangenheitsdrang" bzw. meiner „Jetzt-Flucht" entgegen. Nicht wenige Menschen sehen sich mit der modernen Welt überfordert oder können mit Verhalten und Dingen wenig anfangen und sehnen sich in vergangene Zeiten zurück. Sucht man im Internet nach „In der falschen Zeit geboren" so findet man zahlreiche Foreneinträge von Menschen, die teilweise echt darunter leiden. Beim Lesen stellte ich fest, daß viele Autoren meiner Meinung nach mal wieder durchaus Anzeichen für Autistmus-Spektrum-Störung und/oder Hypersensibilität zeigten.
Aber, und da sehe ich mich in einer Reihe mit stilprägenden Menschen wie z.B. Dita von Teese, fehlt unserer (modernen) Gesellschaft in nicht unerheblichem Maße der elegante, wertschätzende und „geschliffene" Umgang miteinander – kurz, „das Besondere".

Auf einer größeren BDSM-Party sollten im Idealfall halt keine Sätze wie: „Na Du. Geiles Shirt haste an, wa. Könnte ich mir auch gut an meiner Schnalle vorstellen." als vielmehr: „Guten Tag der Herr. Darf ich ihnen sagen, daß ich schon den ganzen Abend ihren perfekt sitzenden Anzug bewundere." Man muß nicht völlig abheben, aber ich freue mich immer, wenn sich Menschen mit ihrer Kommunikation, sei es geschrieben oder gesprochen, ein wenig Mühe geben und damit eine gewisse Wertschätzung, als auch ein Interesse an dem Gespräch zum Ausdruck bringen. Wie gesagt, das Gute ist, man kann es lernen und trainieren und sicherlich wird ein kultiviertes Verhalten positive Reaktionen hervorrufen.

Um auf den Titel dieses Buches zurückzukommen. Du mußt ja nicht alles so wie ich machen und eine zweite Lady Constanze werden. Fände ich zwar spannend, aber fürchte, wir würden uns bald die Augen auskratzen. Aber eine Auswahl an Ideen und Werkzeugen habe ich Dir gezeigt. Einige Methoden werden nicht funktionieren, weil sie nicht zu Dir passen, andere eher. Jeder Mensch ist anders und jeder Weg ebenso.

Manchmal erlebe ich Situationen, in denen mich jemand regelrecht scannt. Gesicht, Augenpartie, aha, Perlen in den Ohren, Hals (kleiner Adamsapfel), Handrücken und dann rechnet das Gehirn, was wohl wahrscheinlicher ist, während ich ihn oder sie bereits fröhlich anlächle. Hinzu kommt etwas, was beim Blick in den Spiegel viele von uns vergessen und was ich bei meinem Crossdresser mitunter super süß finde. Unsere Mitmenschen sehen nicht nur unser Aussehen, sie sehen auch unser Verhalten und jede Bewegung. Was bringt es, wenn man als heißes Girl gestylt, mit langer, blonder Perücke, Faltenröckchen und halsbrecherischen Stiefeln sich in der Bar auf einen Hocker flätzt und im besten Bauarbeiterjargon mit aufgestütztem Ellenbogen und tiefer Bassstimme einen halben Liter Bier bestellt?

Ich schreibe das übrigens gerade, während neben mir eine junge Russin, lassen wir sie mal 14 bis 16 sein, mit Perlen an Hals und Ohren in einem schwarzen Bikini und in absolut anmutigen, kontrollierten Bewegungen in den Pool unseres Hotels steigt. Sehr sexy, sehr überzeugend (weiblich). Sie macht jetzt schon alles richtig. (Vermutlich ist das einer der Sätze, für die militante Feministinnen später dieses Buch öffentlich verbrennen werden.)

Der Name der Rose

In meiner Prima hieß ein Mädchen Rose. Nicht das englische Rose, sondern wie der deutsche Blumenname. Ein interessanter und ungewöhnlicher Name. Unter den Mädchen gab es noch einen Stapel Carolines und Katharinas. In anderen Kulturkreisen, z.B. Vietnam, ist es üblich, daß Menschen in unterschiedlichen Phasen ihres Lebens unterschiedliche, entweder verliehenbekommene oder selbst gewählte Namen tragen. Wir haben mindestens zwei, vielleicht sogar noch ein paar mehr Namen. Unser „alter", auch Deadname genannter Name ist der erste. Jener männliche, den uns unsere Eltern zur

Geburt verliehen und den wir seither tragen und der uns von jedem Brief, den wir aus dem Kasten ziehen, anspringt. Der nächste und, meines Erachtens nach, wichtigere, ist unser neuer Name, den wir glücklicherweise selbst wählen dürfen. Ich erzähle Dir absolut nichts neues, wenn ich sage, daß der Name wohlgewählt und passend sein sollte. Das Standesamt ist ja recht kooperativ, aber irgendwann reicht es auch denen. Wenn Du Deinen Namen noch nicht gefunden hast, laß Dir soviel Zeit, wie Du brauchst. Den dgti Ergänzungsausweis bekommt man recht problemlos und schnell und kann ihn, wenn der gewählte Name doch noch ein (oder mehrmals) geändert wird, schnell neu ausstellen lassen. Mit diesem haben Bekannte bereits in ihrem Betrieb den Namen auf der Kaderakte und bei der Bank den Kontoinhaber ändern lassen. Aber auch hier gilt: Wenn man einmal im Monat mit einer Namensänderung kommt, wird man irgendwann unglaubwürdig.

Wer willst Du sein? Bist Du eine Andromeda oder eine Sophie? Nachdem ich meine neue Geburtsurkunde und meinen Ausweis hatte, dachte ich weiter über Namen nach. Andromeda als Zweitname wäre episch, aber ich habe meinen Namen bereits gefunden und finde täglich, daß er sowohl von seiner Seltenheit, vom Klang und seiner Bedeutung perfekt zu meinem Wesen paßt. Und das Beste: Die, die ihn auch tragen und die ich bisher kennenlernen durfte sind ganz ok. Stell Dir mal vor, Du suchst Dir einen fetzigen, seltenen und komplizierten Namen aus, meldest Dich um und ein halbes Jahr später findest Du durch Zufall heraus, daß ein angesagter, völlig transphober Gangsterrapper diesen Namen nutzt. Ist doch

Kacke!

Zurück zu „gängigen" Namen. Sophie ist auch ein schöner Name. Aber allein in unserer halleschen Trans-/Inter-Gruppe gibt es davon fünf. In meiner Kindergartengruppe (Oh Gott! Das war tief in den 80ern.) gab es eine Constanze, die so war, wie ich sein wollte. Ich denke, daß dieses Mädchen die Kernispiration war. Der Name bedeutet „die Beständige" sowie „die einsame stehende". Das fand ich auch gut. Zeit, lange Zeit, Geschichte, Dinge und Wissen bewahren, fühlte sich schon seit langem an wie meine ureigene Aufgabe im Leben. (Auf schamanischen Reisen wurde das auf schwer zu erklärende Weise teilweise bestätigt.) Und regelmäßig stelle ich fest, daß ich mit Ideen, Gedanken und Erkenntnissen recht allein stehe, obwohl viele Menschen um mich herum sind. Später lernte ich Constanze Kurz vom Choas Computer Club kennen, die mir auch sehr sympathisch und auch eine Hackerin war. Von der Länge entspricht mein neuer Name fast der Länge des alten und paßt gut zu meinem Familiennamen. Die anderen drei Constanzes hatten auch einsilbige und kurze Familiennamen. Laut Statistik heißt jede 20.000. Frau in Deutschland Constanze. Geht man von 84 Mio. Einwohnern und einem leichten Frauenüberhang aus, sind das gerade mal um die 3.000. Wir sind selten und klingen dennoch gewohnt und gewöhnlich. (zumindest in meiner Alterskohorte)

Einige Transfrauen (nicht wenige) wählen exotische, teilweise kaum schreibbare Namen. Sicherlich bildet „Gwendolyn Soraya-Penelope" ihre Besonderheit, die unbestreitbar existiert, ab, trägt sich aber im Alltagsleben wie ein Tucanschnabel. Das funktioniert auch, aber vielleicht ist nicht jede Frau dem gewachsen. Wenn man spritzig, schnell und flott ist, ist sicherlich auch ein kurzer Name wie Rike oder Feli oder so eine passende Konnotierung, so wie ich kompliziertes Wesen halt mit einem sperrigen und langen „Constanze" daherkomme.

Einige Ratgeber für Transmenschen zeigen zwei Hauptrichtungen zur Findung eines neuen Namens auf, wenn man nicht bereits einen im Kopf hat. Einmal wird gesagt, man solle einen komplett vom alten Namen vom Klang unterschiedlichen Namen wählen und einen klaren Strich ziehen und dem Umfeld das auch deutlich machen. Der andere Weg ist das Gegenteil: die Suche nach der weiblichen Entsprechung des alten Namens oder eine kleine Abwandlung, um Dir und Deinem Umfeld den Wechsel zu erleichtern. Die Psychologen sind sich uneins, welches der bessere Weg ist und ich kann es nicht bewerten, da sich meiner recht zügig und sicher fand. (was eher für Version eins spricht.)

Manche Menschen haben noch weitere Namen, die in ihrem Leben eine Rolle spielen. Als Künstler kann es sein, daß Du in unterschiedlichen Künsten sogar mehrere Namen trägst. Mein Dominaname ist "„Lady Constanze" – seltsam, da die meisten Kolleginnen Phantasienamen wählen. Aber ich fand, daß dieser Aspekt in meinem Leben so viel Stellenwert besitzt, daß ich ihn mit meinem realen Namen vertreten kann.

Schamanen und spirituelle Menschen finden oft noch weitere Namen. Hier spricht man einmal vom „wahren Namen" oder „kosmischen Namen", eine Information, die sich mitunter auf eigenartige Weise an komischen

Wendungen im Leben offenbart sowie dem „Medizin-namen", ein Konzept, welches, soweit ich es durchdrungen habe, teilweise mit dem wahren Namen deckungsgleich sein kann und auch teilweise ähnlich erworben wird und dessen Wurzeln in der Kultur der nordamerikanische Indigenen liegen.

Musterfehler

Mir ist aufgefallen, daß es gar nicht so selten vorkommt, daß Transpersonen Autismus- oder Spektrumstörung-(ASS) Diagnosen haben. Ich bemühe nun nicht den „Rainman-Vergleich". An sich komme ich in mindestens 80% der Alltagssituationen sehr gut klar, obwohl ich eine bestätigte, leichte Ausprägung von Asperger-Autismus (ICD10 F84.5) habe. Ich funktioniere. Aber ich habe durchaus ein paar Besonderheiten, die ich diesem Phänomen zuordnen würde.

Ich habe ein extrem ausgeprägtes Langzeitgedächtnis mit sehr hoher Detailgenauigkeit. Es ist definitiv nicht so, daß ich mir einen Stadtplan angucke und ihn in der nächsten Minute pixelgenau abmalen kann. Das funktioniert nicht. Ich kann, was die meisten Leute wohl hinkriegen werden, die großen Achsen und die äußere Form und wichtige Punkte formgetreu skizzieren. Aber ich komme ziemlich gut an Informationen heran, die bis in meine frühe Kindheit, als ich 3-4 Jahre alt war, hinein reichen. Und das sind nicht einfach einzelne, besondere Momente. Gefragt kann ich fast jedes Zimmer, in dem ich einmal war in 3D mit Einrichtung skizzieren. Jüngere

Informationen funktionieren besser, da mein Gehirn offensichtlich zu dieser Zeit mehr Vernetzungen aufwies und die Daten besser verankern bzw. mit mehreren Anbindungen fixieren konnte.

Ich mag Muster, liebe ihr Verhalten bei unterschiedlicher Beleuchtung und ähnliche Effekte. Ja, ich würde mich als primär visuellen Menschen bezeichnen und ich weiß aus dem Alltag im Museum, daß ich mir Ersatzteile, ihre Form, Besonderheiten und die Position im Lager visuell speichere. Das System hat seine Grenzen und so passiert es, daß ich, wenn mich jemand danach fragt, eine optisch ziemlich ähnliche Platine präsentiere, aber inhaltlich eben doch falsch abgebogen bin. Das Gleiche gilt, wenn jemand Blechteile sucht ;)

Bei Musik sieht es so ähnlich aus. Ich mag es komplex und Vielschichtig und bin ein großer Freund merkwürdiger 70er Progressiv-Rock Sachen, Psytrance und Klassik (v.A. Johann Sebastian Bach).

Auf der anderen Seite bin ich recht gut darin, Musterfehler zu finden. Darin kann ich mich echt vertiefen und ermüde kaum. Zum Beispiel haben wir einen Hinweis auf eine Ruine, in der ein DDR-Drucker steht, bekommen und wollten dorthin Kontakt aufnehmen, um das Gerät fürs Museum zu bekommen. Es war nur ein großes Büro, von den Lampen wohl aus den End-Sechzigern, durchs offene Fenster Backsteingebäude, eine Esse, Gleise und links und rechts Nadelwald auf nicht zu steilen Hügelflanken zu sehen gewesen. Ich entschied mich, die Luftbilder von Thüringen nach diesen Signaturen abzusuchen, fing im Osten an und hatte den Betrieb, zu dem das Büro gehörte nach 8 ½ h in Dietlas, hinter Eisenach gefunden. Auch wenn man mir einen Stapel Papier hinstellt. Ich werde ziemlich schnell das eine Blatt, welches glatter ist, aus dem Stapel filtern können. Diese Dinge funktionieren bei mir wie „hardwarebeschleunigt".

Lange dachte ich, daß ich Emotionen gar nicht „verstehe" und hatte in meiner Jugend ziemliche Probleme mit der Interaktion mit (vor Allem) gleichaltrigen Personen. Das Protokoll zur Kommunikation mit Erwachsenen war irgendwie einfacher und das bekam ich hin. Mittlerweile denke ich, daß ich eher hochempatisch bin oder inzwischen geworden bin. Zumindest habe ich bereits seit über zwanzig Jahren bewußt emotionale Wahrnehmungen wenn ich z.B. Dinge in die Hand nehme oder bestimmte Orte betrete. Früher fand ich das halt einfach merkwürdig und schüttelte mich danach gegebenenfalls. Heute vermute ich, daß die Energiekörper der Dinge und Orte mit meinem interagieren und ich das merke. Und die Sensibilitätssteigerung durch die Hormonersatztherapie hat mich noch wesentlich sensibler gemacht.

Zu den „neutralen" „Vektoren" meiner Eigenheit gehört die starke Verbundenheit mit gewohnten, liebgewonnenen Mustern und Formen. So finden sich in meinen Kleiderschränken ziemlich viele ärmellose Kleider mit Stehkragen und viele Qipao. Es ist noch kein Zwang, der mir den Alltag beschädigt, aber ich habe beim Draufschauen deutlich erkannt, daß ich bestimmte geometrische Formen bevorzuge, bei Kleidung, Schmuck, Bedienoberflächen, Schriftarten, Papierqualität, Pkws und Musik.
Ich habe mich unbewußt mit geometrischen Formen und

Signaturen umgeben, die mich beruhigen und die meinem Gehirn sagen: Alles gut, gewohnte Umgebung! Die neue, hektische Welt, die sich jede Minute wandelt, ist draußen und tut Dir nichts.

Und ich verstehe total Frauen, die von einem Paar Schuhe gleich drei und vier kaufen. Gerade Pumps halten halt nicht ewig und dann kriegt man echt eine mittlere Krise wenn diese einfache, total klassische Form laut Handel „aus der Mode" und im ganzen Land nicht zu bekommen ist. Dann lieber ins Lager huschen und ein Reservepaar rausholen. Leider erfordert das irgendwie Platz und der kostet Geld oder der zusätzliche Platzbedarf stößt auf Unverständnis bei Mitmenschen, da die halt, wenn ihr Paar abgelaufen ist, einfach in den nächsten Schuhladen gehen und irgendwelche Schuhe kaufen und glücklich sind. Ich bin da eher so das Gegenteil: Ich versuche regelmäßig Sachen zu bekommen, die es auf dem gesamten Markt nicht zu kaufen gibt. Und wenn es nur ein 3-4 cm breites, rotes Satinband (aus Stoff, nicht aus Folie) ist, um sich für seine Partnerin zu Weihnachten mit einem dekorativen Schleifchen zu versehen. Aber das sind noch die eher unterhaltsamen Sachen.

Ab und zu ist mein Geist von der Schönheit bestimmter Farben auf Pfützen oder Licht in der Natur überwältigt und kann sich kaum fangen. Vor Allem in meiner Jugend war das ein Problem im Herbst, wenn die Düfte intensiv und das Licht verführerisch war. Da war an Konzentration kaum zu denken. Viel unangenehmer sind richtige Systemabstürze, also Situationen, in denen mein Gehirn tatsächlich durch ein unglückliches Zusammenspiel von

Faktoren wie auf einen Punkt fokussiert und dort hängen bleibt. Ich vermute jedoch, daß es gar nicht hängt, sondern in einer sehr kurzen Verarbeitungsschleife ein Detail verarbeitet aber nicht mehr auf die Reize von außen reagiert. Dann brauche ich ein Antippen von außen, um wieder normal zu funktionieren. Aber meines Wissens nach ist der Fehler innerhalb der letzten zwanzig Jahre nur 3 bis 4 mal aufgetreten. Ich habe versucht, systematisch so eine Situation zu erzeugen, um zu lernen, damit umzugehen aber es gelang mir nicht. Insofern stufe ich das Problem als selten und handhabbar ein.

extreme Feministinnen – Liebe Deine Feindin!

Manchmal kommen mir die Dispute und Querelen zwischen unterschiedlichen Queer-Gruppen wie die Szene in „Das Leben des Brian" vor: „Was ist eigentlich aus der populären Front geworden? Die sitzt da drüben. SPALTER!!! Wie in anderen Subkulturen (z.B. Retro-Computing, Eisenbahnfreunde, BDSM) ist es überall der gleiche Kindergarten, der in regelmäßigen Zeitabständen eskaliert. Viel kritischer ist eine andere Gruppierung, die leider per Definition innerhalb unserer eigenen, der queeren Subkultur verortet ist. Ich möchte kurz etwas zu transexklusiven radikalen Feministinnen, sog. TERFs sagen. Mir persönlich ist weder im realen Leben noch in sozialen Medien eine begegnet aber Freundinnen hatten bereits teils heftige Auseinandersetzungen mit diesen Leuten.
TERFs definieren sich als Feministinnen, die so weit

gehen, daß sie sagen, Transfrauen seien keine Frauen und generell unnatürlich, was bisweilen darin gipfelt, daß unser Tod gefordert wird. Sie erklären, von uns geht eine große Gefahr, vorrangig für Cisfrauen aus, da wir eigentlich nur gestörte Männer seien, die sich in Schutzräume für Frauen, wie Damen-WCs, Frauenhäuser etc. einschleichen wollen, um den Cisfrauen zu schaden. In einem anderen Narrativ wird uns unterstellt, die Struktur der deutschen Gesellschaft dahingehend verändern zu wollen, daß Geschlechter aufgehoben werden und unsere Kinder völlig orientierungslos in einer queeren Welt voller Perversitäten aufwachsen, in dem es jeder mit jedem treibt. Alternativ lautet der Vorwurf, wir würden ihre Kinder mit unserer „Ideologie" auch trans machen, da wir selbst keine Kinder bekommen könnten und so zum Aussterben verurteilt wären. (Das warfen in den USA bereits in den 1970ern Medienkampagnen schwulen Männern vor.)

Sie behaupten, für diese Ziele nehmen wir die gesellschaftliche und behördliche Diskriminierung, die physischen und psychischen Strapazen und die krassen Wirkungen einer Hormonersatztherapie in Kauf. Klingt irre, nicht wahr?

Ich finde, wir sollten diese Personen nicht unterschätzen und ihre Aktionen beobachten. Auf der anderen Seite scheinen sie aber auch bisher keine so große Masse zu sein, daß man ihnen auf Schritt und Tritt begegnet. Wir können bei unserem Weg ins Leben als sichtbare Frau in Ruhe unsere Bahnen ziehen, ohne wegen ihnen zu beunruhigt zu sein. Wie ich einleitend schrieb, ich habe noch keine davon live gesehen in den letzten zehn Jahren. Ich würde mich jedoch gern mal mit einer unterhalten. Einfach aus Interesse an ihrem Weltbild und wie sie dazu kamen.

Im rechten Spektrum gibt es einen ganzen Dunstkreis an Wissenschaftlern, die versuchen mit Studien Transmenschen per se zu delegitimieren. Einer der letzten großen Brocken aus dieser Dreckschleuder war die Studie von Diaz und Bailey, die im März 2023 veröffentlich wurde, jedoch keine zwei Monate später wegen eklatanter Mängel und auf massiven Druck korrekter Wissenschaftler, zurückgezogen wurde.
Grob zusammengefaßt lautet das Narativ, das Klinikpersonal wie auch soziale queere Gruppen drängen Junge Leute zum Geschlechtsangleichung. Es sei ein gesellschaftlicher Trend mit hartem Gruppenzwang innerhalb der queeren Szene. Sie versuchen sogar einen wissenschaftlichen Begriff als Name für das „psychische Krankheitsbild" zu etablieren: ROGD – rapid onset gender dysphoria. Also so etwas wie spontan einsetzende/ausgelöste Geschlechtsidentitätsstörung. Diese Ideologie (die Anti-Trans-Indeologie) wird auf zahlreichen Webseiten, teilweise getarnt als Infoboard für junge Transmenschen (kleinemaedchen.de), auf Veranstaltungen und im Wahlkampfumfeld ausgerollt. Es ist ein angstbasiertes Konzept. Zum einen wird versucht, Transmenschen auf ihrem eh schon schwierigen Weg zu verunsichern. Auf der anderen Seite wird der restlichen Gesellschaft ein Dämon präsentiert, der vor 90 Jahren bei uns die Juden waren, vor 50 die Homosexuellen, vor 10-12 alle Muslime. Die Aussage: Wir sind bedroht und

müssen zusammen stark sein gegen die da, die bösen, gefährlichen, total abartigen anderen!

Hier bleibt mir nur, Dich zu ermutigen, stark zu sein. Stark für Dich und Deinen Weg und stark für alle anderen, die Transmenschen und alle anderen Mitmenschen. Es bleibt mal wieder an uns hängen, deren Dummheit noch mitzukompensieren. Unbezahlt und ungedankt, leider.

Ich erinnere mich noch gut an einen Kunden aus Leuna, bei dem ich 2019 ein Gerät reparierte. Er war Ende 50, Einfamilienhaus, SUV. Nach getaner Arbeit beim Verabschieden drückte er mir die Hand, schaute mir in die Augen und sagte wörtlich: „Sobald wir an die Macht kommen, seid ihr die ersten, die erledigt werden!" Es dauerte eine Weile, diesen Satz zu verdauen. Daß er bei meinem Auftraggeber und natürlich mir in Fettdruck auf der schwarzen Liste landete ist klar.

In letzter Zeit verdichten sich die Aktivitäten transfeindlicher Kräfte. Daß aus rechten Kreisen sowohl bei uns, als auch in anderen westlichen Ländern, organisiert geschossen wird, ist bekannt. Nun haben aber auch konservative bzw. sogenannte Mitte-Rechts-Parteien den Krieg gegen Transpersonen ausgerufen. Leider wortwörtlich.

Ein besonders markanter Punkt scheint das am ersten April 2023 von der amerikanischen Transfrau Dylan Mulvaney veröffentlichte achtunvierzigsekündige Bud Light Video gewesen zu sein. Es führte zu einem amerikaweiten Aufschrei der rechten Gesellschaftsteile welche weit in die Mainstreamgesellschaft hineinhallte. Viele Menschen distanzierten sich in Videos und auf

Veranstaltungen von der Biermarke und dem Hersteller, worauf dieser einen Umsatzeinbruch von über 30% erlitt. In Videos schossen radikale Faschisten mit Artillerie- kanonen und Maschinengewehren auf die Bierdosen und es wurde an zahlreichen Stellen, teils von Prominenten, teils von Politikern direkt der Tod von Transmenschen gewünscht.

Rechte Parteien in den USA und Großbritanien haben im aktuellen Wahlkampf offen Transmenschen als Feindbild aufgebaut und versuchen damit bei ihren Wählern Boden zu gewinnen. In vielen Bundesstaaten der USA wurden innerhalb des letzten Jahren hunderte transfeindlicher Gesetze durchgebracht.

Leider bleibt auch Deutschland von diesem gefährlichen und sehr unangenehmen Entwicklungen nicht verschont und einige Politiker von CDU und natürlich AFD kokettierten bereits öffentlich mit der Übernahme der rechten Statements aus den Staaten. Auch hier soll auf breiter Front gegen uns mobil gemacht werden. Das erste öffentliche Opfer ist wohl das Selbstbestimmungsgesetz aber vermutlich kommt da noch viel schlimmeres auf uns zu.

Vor einigen Wochen hatten wir bei uns im Museum Besuch von einem freundlichen Elektroniker aus dem Vogtland. Als er eintraf unterhielt ich mich mit meinem Kollegen gerade über die transfeindlichen Entwick- lungen. Der Besucher war sofort getriggert und ereiferte sich in erbostem Ton, daß er es absolut nicht einsieht, durch das neue Selbstbestimmungsgesetz derart bevor- mundet zu werden. Wir waren kurz sprachlos, begannen dann aber vorsichtig die Sache zu klären. Es stellte sich heraus, daß er aus den Versatzstücken aus Medien,

Diskussionen und wohl zugetragen von dritten ein sehr verzerrtes Bild des neuen Gesetzes etabliert hatte, in dem es unter anderem darum ging, daß alle Menschen in Deutschland damit verpflichtend zum Gendern ihrer Sprache gezwungen werden sollten und in Kindergärten alle Kinder neutral angesprochen und sie ihr „Wunschgeschlecht" selbst herausfinden sollten. Der Mann beruhigte sich nach der Aufklärung und wir führten noch stundenlang technische Gespräche. Aber der Vorfall zeigt, wie schnell Desinformation eskalieren kann. Hierbei möchte ich den Menschen, die davon nicht betroffen sind, absolut keinen Vorwurf machen, sich mit dem Inhalt des neuen Gesetzes auseinandergesetzt zu haben. Sicherlich haben sie ihre eigenen Baustellen und hierfür gar keine Ressourcen. Aber meiner Meinung nach darf man sich erst dann über etwas aufregen, wenn man sich korrekt darüber informiert und noch einmal die Quelle der Information als vertrauenswürdig validiert hat.

Der lange Weg

Ich würde sagen, daß der vollständige Transitionsprozeß ein zeitlich schwer zu greifender, fließender Vorgang ist und sich vorrangig in die Themenkomplexe psychische Transistion, körperliche Transistion und gesellschaftliche bzw. rechtliche Transition gliedert. Mittlerweile sind wir in Deutschland nicht mehr zu solchen unmenschlichen Schritten gezwungen, wie sich von unserem Lebenspartner scheiden und biologisch sterilisieren zu lassen.

Auch ist eine GaOp (die „große" Operation zur Angleichung der primären Geschlechtsteile) nicht mehr Voraussetzung sowohl für die Personenstands- wie auch die Vornamensänderung.

Im Regelfall geht man zu einem Psychotherapeuten und bittet um begleitende Therapie. Der Therapeut wird abklären, ob Kontraindikationen zur Trans-sexualität vorliegen (z.B. Schizophrenie, Borderline etc.) und man grundsätzlich Herr seiner Sinne ist. Weiterhin wird er anhand eines von Dir zu erstellenden „Translebenslaufs" und im Rahmen mehrerer Gespräche die Geschichte der Patientin auf Plausibilität und Stabilität hin prüfen. Sollte es keine Hinweise auf derartige Probleme geben, ist zu erwarten, daß man nach einiger Zeit (einige Monate) ein Gutachten mit der Diagnose ICD-10 F64.0 und im Idealfall gleich noch die Empfehlung für den Beginn der Hormonersatztherapie in den Händen hält. (Ab 01.01.2022 gilt die neue ICD-11, worin Transsexualität nicht mehr patologisiert als Krankheit auftaucht sondern als "„Zustände der sexuellen Gesundheit – Unterpunkt: geschlechtliche Inkongruenz. Dieser Zustand wird als besondere Variante beschrieben, der, sollten keine Hilfen gegeben werden, daß die Diskrepanz zwischen biolo-gischer und emotionaler Geschlechtsidentität die Gesundheit gefährdet und somit medizinische Behand-lungen rechtfertigt.)

Aufgrund ihrer heftigen Auslastung lohnt es sich, wenn man parallel zum Beginn der Therapie sogleich beim Endokrinologen vorspricht und den Hormonstatus bestimmen läßt. Das ist die Grundlage für die folgende HET (Hormonersatztherapie). Am Besten den Folge-termin gleich mit holen, da man sonst wieder Monate darauf wartet. Sowie man das Gutachten vom Psychologen hat, kann man wieder zum Endokrinologen gehen und loslegen.

Protip: Man kann, gerade, wenn man Anzeichen dafür mitbringt, den Endokrinologen um die Erstellung eines humangenetischen Gutachtens bitten. Sollte hierbei zufällig raus kommen, daß man intergeschlechtlich ist (z.B. chromosomal), kann man sich ein Zertifikat über „Vorlage einer Variante der Geschlechtsidentität" ausstellen lassen. Mit diesem ist es bei einigen Standesämtern möglich über §45 des Personenstands-änderungsgesetzes seinen Interstatus geltend zu machen und für einen geringen zweistelligen Betrag zügig Personenstand und Vorname ändern zu lassen. Nach Eintragung und einer kurzen Bearbeitungszeit (2-4 Wochen) bekommt man eine neue Geburtsurkunde und ist damit rechtlich durch den Prozeß durch. Es folgen dann die entsprechenden Änderungen beim Renten-träger, Banken, Finanzamt, Garagenverein, Fitnessstudio etc. aber da mußt Du Dich selbst drum kümmern.

Der Beginn der HET ist auch der letzte Moment, an dem man noch einmal über eigene Kinder nachdenken kann. Es gibt Methoden, wo Sperma eingefroren und für eine spätere, künstliche Befruchtung aufbewahrt werden kann. Jedoch sind diese Verfahren nicht ganz kostengünstig und es lohnt sich unbedingt, im Vorfeld einen Andrologen zu konsultieren und testen zu lassen, ob man überhaupt und in welcher Qualität zeugungsfähig ist.

Für „normale", (nicht intergeschlechtliche) Transfrauen

führt der lange Weg über das Transsexuellengesetz und das Verwaltungsgericht. Die im Moment gültige Variante des Transsexuellengesetzes (TSG) ist von 1980 und wird gerade durch das neue, jedoch noch längst nicht inkraftgetretene Selbstbestimmungsgesetz, ersetzt. Weiter unten im Text werde ich über den aktuellen Stand der Gesetzesvorlage sprechen.

Die Grundlage für den ganzen medizinischen Weg bildet die „Leitlinie 22", in der Diagnose, Begutachtung durch darauf spezialisierte Therapeuten sowie mindestens eine 12-monatige therapeutische Begleitung vorgeschrieben sind.

Für ältere Kinder und Jugendliche gibt es Pubertätsblocker, die eine Verzögerung der Pubertät herbeiführen und den betroffenen Menschen so mehr Zeit für ihre Entscheidung geben und zu optisch besseren Ergebnissen in der Zukunft in der angestrebten Geschlechterrolle führen. Die Wirkung der Blocker ist umkehrbar, so daß eine Pubertät nachgeholt werden kann.

Welche Kosten durch die Krankenkassen wann zu tragen sind ist in der S3 Leitlinie geregelt und immer von einem bzw. mehreren Gutachten durch den MDK (Medizinischer Dienst der Krankenkassen) abhängig.

Beispiele für übernommene Leistungen für Transmenschen:
- Penis/Hoden-Epithesen
- Brustaufbau (wenn durch HET nur Körbchengröße A oder weniger erreicht wurde)

- Perücke
- Bartepilation (Hier wird leider häufig nur die Laserepilation und nicht die Elektro(-nadel)-Epilation bezahlt, welche jedoch als einziges wirklich permanentes Verfahren gilt).
- Geschlechtsangleichende Operation (Je nach Klinik und gewünschter Methode (es gibt viele mit unterschiedlichen Vor- und Nachteilen) muß man einige tausend Euro dazu zahlen.)
- Mastektomie (Brustentfernung/Formung männlicher Brüste)
- Hormonersatztherapie (Mit den Standardpräparaten, sonst muß man zuzahlen)
- Logopädie
- Stimm-OP
- Reduktions-OP Adamsapfel

Sämtliche medizinische Maßnahmen sind optional und keine Voraussetzung für eine Vornamens- und Personenstandänderung. Die Vornamens- und Personenstandsänderung wird beim zuständigen Amtsgericht beantragt. Es sind zwei Gutachten von, vom Gericht akzeptieren Gutachtern (i.d.R. Psychotherapeuten, welche sich mit dem Thema Transsexualität auskennen) nötig. Die Gesamtkosten für das Verfahren inklusive der Gutachten liegt im Bereich von 1.500 – 4.500 €. Bei geringem Einkommen ist es möglich, beim Amtsgericht eine Kostenübernahme über die Verfahrenskostenbeihilfe zu beantragen. Hierbei gilt jedoch Vorsicht, da bei späteren, höheren Einkünften der Betrag zurückzuzahlen sein kann. Es obliegt der inanspruchnehmenden Person, in regelmäßigen Abständen mindestens die nächsten fünf Jahre nachzuweisen, daß sie nach wie vor über geringe Mittel verfügt.

Aktuelle Infos/Zeiträume/Kosten/Ablauf...

Für logopädische Unterstützung, Stimm-OP, Barthaarentfernung, Brustaufbau, GaOp und möglicherweise notwendige optische Angleichungen und Perücken benötigt man jeweils ein weiteres Gutachten vom Psychotherapeuten. Die Regel sieht vor, daß man sich umschaut, eine passende Klinik mit freien Kapazitäten heraussucht und schaut, ob die dort genutzten Methoden einem zusagen. Die Klinik begutachtet einen und händigt einen Kostenvoranschlag für die durchzuführende Sache sowie eine vage Aussage zur Wartezeit (aktuell 1,5-3 Jahre für die GaOp) aus. Mit diesem und dem entsprechenden Gutachten vom Psychologen reicht man dann bei seiner Krankenkasse einen Antrag auf Kostenübernahme ein. Leider ist das der Moment, wo den Krankenkasse lauter Dinge einfallen, warum sie das nicht bezahlen wollen, den Antrag ablehnen, weitere Gutachten, Alternativkostenvoranschläge etc. verlangen und einen noch zum medizinischen Dienst der Krankenkassen (MDK) zu Begutachtungen (manchmal „Verhören") schicken.

Man sollte sich über das gängige Verhalten der eigenen Kasse informieren und auf diesen Krieg vorbereiten. Durch die Hormone verändert sich nicht nur unser Körper, sondern in heftigem Maße auch die Art und

Weise, wie wir die Umgebung wahrnehmen. Zuzüglich zur fordernden Situation, sich quasi als neuer Mensch in Familie, Freundeskreis und beruflichem Umfeld (wenn man sich nicht für die gesamte Transition eine Auszeit leisten kann und will) zu etablieren und der Tatsache, daß einem die sich umbauende Psyche täglich umhauen kann, ist das ein dringend zu beachtender, erheblicher Lastfaktor.

Meistens hat der eigene Psychotherapeut nicht die Zeit, während der monatlichen Treffen im Detail auf die aktuellen Probleme einzugehen. Hier ist es nützlich, sich mit lokalen Selbsthilfegruppen, Beratungszentren zu Geschlechtsidentität und anderen Transmenschen zu vernetzen. Und wenn man nur eine gute Freundin gewinnt, die einen auf die Meldestelle begleitet, damit man dort nicht vor Aufregung kein einziges Wort mehr rausbekommt.

Bezüglich der Bartentfernung würde ich konsequent, auch, wenn Du dunkle Haare hast, zur (Elektro)-Nadelepilation raten. Laut Studien und Praxiserfahrung ist das die einzige permanent wirksame Methode. Laser und IPL sind von den Kosten her gleich oder liegen etwas darunter, gelten aber nur als dauerhaft, was üblicherweise 3-5 Jahre bedeutet. Durch Lichtbehandlung (Laser oder IPL) werden die Haare verändert und verkringeln sich in den Kanälen und werden brüchiger. Diese Faktoren behindern eine Nadelepilation arg, da bei dieser nicht eine Fläche von außen überstrichen wird, sondern mit einer ganz feinen Nadel in jeden einzelnen Haarkanal gestochen und eine Spannung angelegt wird. Daher ist Nadelepilation vom Zeitaufwand auch viel umfang-reicher als die anderen beiden Verfahren. Man sollte ein Blend-Verfahren nutzen, also eines, wo sowohl mit Gleichstrom Elektrolyse, wie auch mit Wechselstrom Thermolyse gemacht wird. Mein Gerät ist dazu in der Lage. Es war aber auch recht teuer.

Sonderanmerkung für Transmenschen mit Flugschein:
Nach der aktuellen Regelung verliert Ihr Eure Fluglizenz, da der Gesetzgeber Transmenschen per se für depressiv und gefährlich für andere hält. Hier sollte dringend auf eine Änderung hingearbeitet werden!

Ausblick – Das Selbstbestimmungsgesetz

Aktuell arbeitet die Bundesregierung an einem „Selbstbestimmungsgesetz", welches den rechlichen Transistionsweg klären und das überholte TSG ablösen soll. Hierbei soll ein vereinfachtes Verfahren beim Standesamt mittels Selbstauskunft, signifikant geringere Kosten, signifikant besserer Schutz der Person durch Wegfall der Gutachtergespräche und Gerichtsanhörung erreicht werden. Es ist weiterhin zu erwarten, daß der im Moment von vielen Betroffenen als quälend langwierig empfundene Prozeß wesentlich zügiger abgeschlossen werden kann.

Stand August 2023 sieht die Situation folgendermaßen aus:

- Inkrafttreten des neuen Gesetzes: 01.11.2024 (Quelle: www.nzz.ch)
- Name: Selbstbestimmungsgesetz (SBGG)

- Bei Kindern unter 14 Jahren dürfen die Eltern entscheiden, ob der Name und Geschlechtseintrag geändert werden soll.
- Streitthema Frauensauna: Hier räumt der Gesetzentwurf dem Hausherren ein, weiblich gelesene Menschen, die nicht Cisnormativ sind, abzuweisen.
- Zur Änderung von Vorname und Geschlechtseintrag reicht eine einfache Erklärung gegenüber dem Standesamt.
- Eine verpflichtende Beratung ist weder für Volljährige noch für Jugendliche vorgesehen.
- Es gibt einen eingebauten Übereilschutz. Die Änderung des Namens und Geschlechtseintrages findet erst nach Ablauf von drei Monaten nach der Erklärung beim Standesamt statt. Nach der Erklärung sind für eine Frist von einem Jahr keine Änderungen möglich.
- Über medizinische Maßnahmen oder angestrebte körperliche Veränderungen trifft das Gesetz keinerlei Regelungen. (Bis Jahresende 2023 soll aber eine neue medizinische Leitlinie erarbeitet werden, welche auch Kinder und Jugendliche beachtet.)
- Per Definition gilt das Gesetz für alle Menschen und schließt damit trans- und intergeschlechtliche und nichtbinäre Menschen ein.

Wichtiger Hinweis: Wer jetzt den alten Weg einschlägt,

fällt nach Inkrafttreten des neuen Gesetzes nicht automatisch in dessen Geltungsbereich, sondern wird auch weiterhin mit der alten Prozedur genervt. Es wird sicherlich noch eine Weile dauern, bis dieses Buch hier in Druck geht und ich werde versuchen, gerade diese technischen Details bis zum letzten Ende möglichst aktuell zu halten aber unter Umständen könnte eine „Transition in eigener Sache" unter dem Radar (durchaus mit Psychologe, wenn man mag ein guter Anfang sein, ohne, daß man den Konflikt zwischen neuer und alter Regelung auslöst. Für die Hormonersatztherapie und spätere Maßnahmen wird man ihn wohl eh benötigen. Und wenn das neue Gesetz in Kraft tritt, kommt man, als schon etwas selbstsichere Frau, aus seinem Versteck und geht den einfachen Behördengang und spart eine ganze Menge Geld, welches man in hübsche Kleider oder Schön-heitsoperationen stecken kann.

Am 23.08.2023 passierte das SBGG das Kabinett. Nach dem Kabinett muß das Gesetz auch noch durch Bundestag und Bundesrat. Wann es in Kraft treten kann, ist damit noch unklar.

Kritik am neuen Gesetz
(Quelle:
https://www.queer.de/detail.php?article_id=46734)

- löchriges und wenig nützliches Ofenbarungsverbot.
- Mit 3 Monaten sehr lange Wartezeit bis zum Wirksamwerden der Änderungen.

- Problematischer Einschnitt der Selbstbestimmung 14-18-jähriger.
- Regelrechte Einladung, TIN (trans/inter/nichtbinäre) Personen via Hausrecht auszusperren, einfach mit der Begründung einer angenommenen befürchteten sexuellen Belästigung.
- Diskrimierung bei geschäftlichem Austausch und Abschluß von Verträgen.
- Diskriminierung bezüglich der Bewertung sportlicher Leistungen.
- Diskriminierung bezüglich Quotenregelungen.
- Problematischer Umgang mit den Themen Frauenhäuser, Frauensaunen, Toiletten, Umkleidekabinen, Sportvereinen und Frauenparkplätzen.
- Mit einem Jahr recht hohe Sperrfrist für erneute Änderung. (Wohl als Abschreckung gemeint!)
- Einberufung im Verteidigungsfall.
- Kein Schutz vor Abschiebung.
- Meldung an Innen- sowie Verfolgungsbehörden und Geheimdienste.
- unnötig spätes Inkrafttreten am 01.11.2024.

Mein aktueller Istzustand

Im Herbst 2023 nehmen die letzten Konturen dieses Buches Form an. Eine GaOp steht nach wie vor nicht auf dem Plan (wegen der PV) aber wird von mir auch nicht als unbedingt habenswollend empfunden. Mein Körper funktioniert in seinem aktuellen Zustand überwiegend gut, sogar bei Belastung. Ein so großer Eingriff ist nicht zu unterschätzen.

Aktuell nehme ich in Bezug auf die HRT morgens 12,5 mg Androcur und 2 Hübe Gynakodin, mittags einen Hub und abends 2. Dazu am Nachmittag eine 100mg Progesteron Weichkapsel. Allerdings habe ich vor, ggf. auf Progesteron Gel umzustellen und das direkt auf den Brüsten zu applizieren.

Nach wie vor arbeite ich, wie die letzten 16 Jahre auch, in meinem Hauptjob, hab das Ingenieurbüro und nehme ab und zu BDSM-Aufträge an. Hier bin ich seit dem Sommer aus Belastungs- und Zeitgründen ruhiger geworden. In den letzten Wochen war einfach immer irgendwas zu tun und man mußte operativ planen.

Meine Frau samt Kind ist nach wie vor mit mir zusammen. Sie vermißt meinen signifikant zurückge-gangenen Sexualtrieb aber dank unserer offenen, polyamoren Beziehung gibt es Ausgleich.

Seit Anfang 2023 litt ich zunehmend aufgrund des Krebs-Medikamentes Besremi unter teils starker Depression. Inzwischen habe ich (mehr oder weniger aus dem Nichts) eine Praktik erlernt, während einer Meditationsphase diese permanent vorhandene, negative Grundlast, die sowohl das Medikament, wie auch der ganze Themenkomplex Krebserkrankung, erzeugt, in etwa gleichstarke, jedoch positive Energie „umzupolen". Das klingt verrückt, funktioniert aber.

Praktisches Beispiel: Ich nehme an einem Gespräch teil und der Gesprächspartner bekommt einen Wutanfall und kippt diese ganze negative Energie über mir ab. Ich gehe mit einer Rauchwolke im Kopf nach Hause. Konkret fuhr ich mit dem Auto, hörte noch ca. vierzig Minuten entspannten Psytrance (irgendwelches 2017er Melodic-Zeugs) und am Ziel angekommen ist aus der Rauchwolke ein Hörnchen mit einem Softeis geworden (das energetische Abbild im Kopf). Als nächstes hat sich mein Gehirn das Eis schmecken lassen und damit genauso viele Glückshormone in den Körper abgegeben, wie es bei einem echten Eis geschehen wäre. Vielleicht ist das der gleiche Algorithmus, der auch dafür sorgt, daß Gefühle aus Erlebtem und Geträumtem gleichwertig verarbeitet werden. Im Anschluß hatte ich ein ordentliches Grinsen im Gesicht und mir war nach Springen und Tanzen (virtueller Zuckerschock).

In meinem Mindset hilft mir die Chemotherapie, die funktional die PV nicht wegmachen kann, mein Blut genügend lange in einem Zustand zu halten, der nicht lebensgefährlich ist. Wenn ich gut bin, gelingt es mir vielleicht in der Zeit, die ich dadurch geschenkt bekomme, mich auf energetischem Wege selbst zu heilen. Hier wieder der schamanische Ansatz: Der physische Körper ist mit seinem energetischen Abbild verbunden. Beide sind krank. Wird das energetische Abbild geheilt, sollte der physische Körper dadurch mit der Zeit auch wieder gesund werden.
In diesem Zusammenhang möchte ich auf das Buch „Krankheit als Symbol" von Rüdiger Dahlke hin-weisen. Das Buch ist recht alt, ich glaube, von Mitte der 90er. In letzter Zeit schreibt der Mensch einiges merkwürdiges Zeug aber dieses Buch ist recht interessant. Kurz zusammengefaßt: Der Mensch sollte eigentlich eins und ganz sein, neigt aber aus technischen und gesellschaft-lichen Gründen zur Polarität. Beispiel: Die Göttin Hekate

war ambivalent, sowohl gut, als auch böse. Sie konnte vergiften aber auch heilen. Später im Christentum spaltete sich die Frau in die fromme, gute und schöne Frau Maria, die im Kulturraum unter den Menschen lebte und in die wilde, häßliche Hexe, die mit Tieren im Wald lebt und gegen Gottes Willen allerlei Magie und natürliche Heilmittel benutzt. Hätte man sich nicht beirren lassen und gesehen, daß beide immer ein und die Selbe sind, hätte es wohl nie Hexenprozesse gegeben.

In Dahlkes Buch kann man viel über Ganzheit und Polarität und physische Krankheiten lernen, die nach seiner Theorie Symptome bereits vorhandener mentaler Konflikte sind. Sicherlich ist dieses Konzept nicht für jeden greifbar. Aber er sagt z.B. ein mentaler Konflikt sollte sich eigentlich in einer physischen Auseinandersetzung entladen. Der Körper regelt schon mal die Werte auf Kampfmodus hoch aber dann tritt die Entladung nicht ein. Der Konflikt besteht im Menschen weiter und mit der Zeit hat sich der Körper dann Bluthochdruck „angewöhnt", den man dann auch messen kann. Lösung: Entweder den Konflikt entfernen oder tatsächlich eskalieren und lösen. Mit einiger Verzögerung müßte der Körper dann von sich aus den Blutdruck wieder herunterfahren. In dem ganzen Wust an Ideen fand ich bestärkende Ansätze zu meinem bereits vorhandenen energetischen Selbstheilungskonzept.

Im Sommer 2023 wurde ich tatsächlich Opfer eines sexuellen Übergriffes. Ausgerechnet auf dem FUSION Festival in Lärz, wo man eigentlich davon ausgeht, daß dort aufmerksame, offenherzige und gut gelaunte Menschen rumlaufen wurde ich auf einem dunklen

Zeltplatzweg kurz vor Mitternacht von einem testosteronvergifteten Schwanzmonster angegriffen. Der Typ war stark betrunken und dachte wohl, er könnte mich durch progressives Begrabschen zu Sex verführen. Ich war ebenfalls nicht mehr nüchtern und in Gedanken und die bunten Lichter ringsrum vertieft, so daß ich nicht schnell genug schalten konnte. Nach kurzem Gerangel merkte er, daß er es mit einer Transfrau zu tun hat und wurde richtig aggressiv. Wir endeten in einem Schlammloch. Er mit Schlamm in den Augen und sicherlich einigen blauen Flecken an Hals und Oberkörper. Ich war topdreckig und hatte ein paar leichte Schürfwunden und ein paar abgebrochene Fingernägel. Dann trollte er sich zügig.

Sowohl die Security als auch die Eclipse Psycare waren sehr hilfsbereit und halfen mir. Leider brachte die Personenbeschreibung, sein Kostüm und die Beschreibung „eine Erscheinung wie ein agressiv/-depressiver Bär" nicht genügend Material für eine Identifizierung unter den reichlich 90.000 Anwesenden. Weiterhin war es, nun mittlerweile nachts gegen halb drei, ein echtes Problem, auf dem riesigen Gelände eine heiße Dusche zu finden und lebendig wieder zurück zum Wohnmobil zu kommen. Ich verstehe jetzt sehr gut das Moment, welches Frauen, die überfallen wurden, treibt, sich intensiv und heiß zu duschen. Man fühlt sich schmutzig (war ich physisch auch) aber auch energetisch. Im Anschluß an das Geschehen brauchte ich gute einein- halb Tage, um es zu verarbeiten und meine Stärke/- Souveränität zurückzuerlangen. Erst am Montag, als wir abfuhren, war ich regeneriert und es war ein psychisch anstrengender Prozeß gewesen.

Was ich Dir noch auf den Weg mitgeben möchte

Seit ich die erste, handschriftliche Seite zu diesem Buch geschrieben habe, ist mittlerweile ein Dreivierteljahr ins Land gegangen und mit Hochspannung habe ich die Entwicklungen um das neue Gesetz und Aktivitäten der Szene verfolgt. Ich habe in der Zwischenzeit auch weiter ausprobiert, wieviel Lady Constanze unsere Gesellschaft verträgt. Und ich muß sagen, ich habe noch immer keine Kollision mit irgendwelchen Idioten hingelegt. Weder auf einem Metal Festival in Ostthüringen, noch beim Standbummel durch sächsische Kleinstädte. Ich vermute nach wie vor, daß es gefährliche Orte für uns gibt aber alles in Allem läßt sich die Lage in unserem Land glücklicherweise ziemlich entspannt an. Bleibt zu hoffen, daß dies in baldiger Zukunft unseren Schwestern (und Brüdern) in weniger behaglichen Ländern (z.B. USA) auch so geht.

Ich habe mein Buch ja „Ratgeber" genannt. Vielleicht fandest Du einige Kapitel spannend genug, sie auch später noch einmal, wenn Du Dich weiter entwickelt hast, zur Hand zu nehmen. Irgendwann wird es, hoffe ich, nur ein interessantes Zeitzeugnis sein und Menschen unabhängig von Geschlechtsidentäten, Aussehen oder sozialem Stand freundlich und aufmerksam zueinander sein. Es ist schön, daß Du ein Stück Deines Weges zusammen mit mir gehen magst.

In meinem Leben habe ich bereits einige Bücher gelesen,

zu deren Autoren ich gern Kontakt aufgenommen hätte. Leider war das entweder nicht möglich oder die Kontaktdaten waren nach wenigen Jahren bereits ungültig geworden oder mir wurde nicht geantwortet. Nicht mal ein: „Du hast mich nicht verstanden! Laß es!" Solltest Du Fragen, Anmerkungen, Verbesserungsvorschläge oder andere Dinge auf dem Herzen haben, die Du mit mir teilen möchtest, so hoffe ich, daß Du mich erreichst.

Üblicherweise sollte ich oder zumindest Familienmitglieder in Halle unter folgender Adresse zu finden sein: 06120 Hallbergsbreite 39.
Aktuell (Seit 1999) bin ich unter 0170-7203929 zu erreichen (nur Anrufe, keinerlei Messenger) oder unter meiner Email: constanze_czech@gmx.de

Ich würde mich freuen.

Viel Freude mit Deinem neuen Leben. Nutze und genieße es! Wir Frauen haben es auf dieser Welt einfach besser: Wir haben die hübscheren Klamotten, dürfen alles und kriegen alles.

Literaturhinweise

Transsexualität
- Julie Anne Peters – Luna
- Ulrika Schöllner – Transfrau? Ja, genau!
- Pari Roehi – Mein bunter Schatten
- John Boyne – Mein Bruder heisst Jessica
- Nadia Brönimann / Daniel J. Schüz – Die weiße Feder
- Christine Fehér – Weil ich so bin
- https://de.wikipedia.org/wiki/Transsexuellengesetz

Schönheit/Lifestyle/Selbstbewußtsein
- Dita von Teese – Beauty und Glamour
- Irmie Schüch-Schambrurek – dresscode woman
- Claudia Piras / Bernhard Roetzel – Die Lady

Schamanismus
- Vladimir Serkin –Die Dankbarkeit des Wolfes
- Monnica Hackl – Schamanische Heilung
- Albert Hofmann – LSD – mein Sorgenkind

BDSM
- www.bdsm-howto.de
- Matthias T.J.Grimme – BDSM Handbuch
- Arne Hoffmann – Offene Worte: Dominas
- Kathrin Passig / Ira Strübel – Die Wahl der Qual
- Claudia Varrin – Die Kunst der weiblichen Dominanz
- Nora Schwarz – Lessons in Lack

© 2023 Constanze Czech
Herstellung und Verlag: BoD – Books on
Demand, Norderstedt
ISBN: 9783757887094